MUJER DE ÉXITO

Hábitos de una mujer guerrera

Inés Hernández

Primera Edición Categoría:

Crecimiento personal

Copyright ©2023 Ines Hernandez

Todos los derechos reservados.
Queda rigurosamente prohibida, sin la autorización escrita del autor del copyright, bajo las sanciones establecidas por la ley cualquier forma de reproducción, distribución, comunicación pública o transformación de esta obra.

ISBN: 9798864714812

Independently published.

YouTube: Bioinher Fit

Facebook: Bioinher Fit

Instagram: Bioinher Fit
www.bioinherfit.com

WhatsApp: 4273453851

Correo: ventas@bioinherfit.com

Tulefono: 4273453851

Dedicación

Con mucho amor y cariño dedico este libro a mis dos hermosos hijos, ya que siempre son mi inspiración para seguir adelante y nunca rendirme ante las adversidades que he pasado en diferentes etapas de mi vida. A mi esposo por su apoyo incondicional y a toda mi familia.

También dedico este libro a todas esas mujeres guerreras que están en busca de una mejor oportunidad para dejar un legado a sus hijos.

Agradecimiento

Agradezco primeramente a Dios por darme la vida y dejarme llegar hasta donde estoy en este momento. Agradezco a mis dos hijos por entenderme y ser pacientes, que por estar trabajando por un futuro mejor para ellos descuidé parte de su niñez. Agradezco a mi esposo por todo su apoyo incondicional en mis emprendimientos, ya que siempre ha sido el cómplice de mis sueños. A mis padres y a todos mis hermanos que han creído en mí principalmente a mi hermana Graciela por estar conmigo en los momentos más difíciles de mi vida, gracias hermana te quiero mucho.

INDICE

DEDICACIÓN III

AGRADECIMIENTO V

INTRODUCCIÓN 1

CAPÍTULO # 1 ¿QUE ES EL ÉXITO? 3

CAPÍTULO #2 MI HISTORIA 5

CAPÍTULO # 3 LOS MILAGROS EXISTEN 7

CAPÍTULO # 4 PASOS PARA EMPEZAR UN CAMBIO DE VIDA 11

CAPÍTULO # 5 HERRAMIENTAS DE LO NEGATIVO A LO POSITIVO ... 31

CAPÍTULO # 6 HAS CAMBIOS PODEROSOS 41

CAPÍTULO # 7 POR QUE LA MUJER NO TIENE ÉXITO 45

CAPITULO # 8 LO QUE TE DETIENE A EMPRENDER 53

CAPITULO #9 ALGUNAS CLAVES PARA SUPERAR TUS MIEDOS 59

CAPITULO # 10   15 HÁBITOS DE UNA MUJER DE ÉXITO 61

CAPITULO # 11 COMO EMPRENDER 65

CAPITULO # 12 CONVIÉRTETE EN UNA MUJER EXITOSA 69

CAPITULO #13 PASOS PARA VALORAR TU TIEMPO 71

CAPITULO # 14 MUJER NO TE OLVIDES DE TI 91

CAPITULO # 15 NO PIERDAS TU SALUD 95

CAPITULO # 16 EL RETO ES CONTIGO MISMA 127

Introducción

Un mensaje para ti querida lectora

Hermosa mujer guerrera no sé cómo estes en este momento, si estás en la cima gozando de éxito rotundo o si estás en apuros y te cuesta encontrar el camino, yo te digo que tenemos por lo menos una cosa en común seguramente más de una pero como mínimo sé que hay una, queremos mejorar nuestra vida y mejorar como persona pero no sabemos por dónde empezar. Esto no significa que estemos mal porque somos seres humanos nacimos con el deseo y el impulso innato de crecer y mejorar continuamente. Sin embargo, muchas de nosotras nos despertamos cada día y nuestra vida sigue siendo prácticamente igual o peor. Hoy es tiempo de las mujeres, es nuestro momento y nuestra oportunidad, también nuestro gran reto es de marcar una diferencia en el mundo en que vivimos. Las mujeres tenemos un gran poder además de cualidades, dones, fortalezas y sobre todo una gran influencia en los que nos rodean.

Como escritora y coach mi enfoque se basa en ayudar a la mujer a lograr un mejor grado de éxito y satisfacción en todas y cada una de las áreas de su vida lo más rápido posible.

Como emprendedora te puedo decir rotundamente que en este libro encontrarás métodos, lo más prácticos resolutivos y efectivos que marcarán un antes y un después. Yo los he llevado a cabo para mejorar todas las áreas de mi vida de una manera tan rápida que si tú los aplicas seguramente no lo podrás creer.

Desde hace 30 años que empecé en el mundo del emprendimiento para lograr lo que un día soñé puedo comprender que el verdadero éxito tiene muy poco que ver con lo que nuestro currículum diga. En realidad nuestro éxito surge cuando escuchamos nuestra propia voz interior al ser honestas con nosotras mismas y escuchar los dictados de nuestro corazón.

Has elegido el libro indicado, estás a punto de empezar un viaje milagroso utilizando un proceso sencillo pero revolucionario que te garantiza la transformación de cualquier área de tu vida. He puesto todo mi amor, conocimiento y empeño para asegurarme de que este libro sea una buena inversión de tiempo, dinero, atención y energía. Que realmente te cambie la vida para siempre y gracias por dejarme formar parte de tu vida. Nuestro milagroso viaje juntas está a punto de empezar con amor y gratitud para ti hermosa mujer.

Capítulo # 1 ¿Que es el éxito?

Una pregunta que siempre es interesante que te hagas ¿Qué es el éxito? ¿Qué es para ti el éxito? me gustaría que te hagas estas dos preguntas y que tú misma te las respondas. ¿Cómo podemos medir el éxito? realmente es lograr lo que uno quiere en la vida, no necesariamente tiene que ser dinero puede ser dinero, puede ser una vida familiar, una vida feliz, puede ser tantas y tantas cosas. Lo importante es convertir nuestros sueños en realidad de hecho te quiero confesar el éxito y el fracaso son dos impostores porque ambos son resultados, si tu hiciste lo correcto el resultado es positivo le ponemos la etiqueta de éxito, si las cosas no sucedieron como tú lo esperabas ambas situaciones es el resultado de nuestras decisiones.

Nosotros vamos decidiendo nuestro existir, nuestra vida diaria la única persona con la cual tú tienes que vivir 24 horas al día los 365 días del año es contigo misma por eso es muy importante tener la visión de qué queremos en la vida. Reflexiona: ¿que es el éxito para ti? ¿que deseas lograr? ¿a dónde quieres llegar? ¿cómo verías convertidos tus sueños en realidad?

El éxito no es un evento aislado es un proceso del buen manejo de las emociones para mantener el enfoque y alcanzar una meta y cada vez que te involucres en un proceso eso va a desplazarte de un punto a otro. Este proceso ocupa tiempo para que alcances el punto donde radican tus sueños.

El enfoque es fundamental no te confundas el éxito no es tener mucho dinero eso es solo una repercusión de ser exitosa en lo que haces. Imagínate teniendo un millón de dólares y estar en una cama a punto de morir será acaso éxito. El éxito está más con el pobre que considera que tiene mucho, que con el rico que nunca cree que tiene lo suficiente para ser feliz y de hecho, como se obtiene este éxito hay una ruta y es una ruta bastante sencilla que en este libro vas a descubrir.

Capítulo #2 Mi historia

Esta es mi historia, pero la tuya es la que importa de ahora en adelante:

Yo soy Inés Hernández mexicana nacida en el estado de Hidalgo México actualmente vivo en San Juan del Río Querétaro. Soy la número cinco de nueve hermanos, desde que tenía 14 años me fui a la ciudad de San Juan del Río Querétaro para terminar la secundaria ya que mis padres no tenían solvencia económica para la culminación de mis estudios. El cual yo decidí trabajar y estudiar para terminar mis estudios sin poder lograrlo porque era muy complicado para mí ya que tenía que pagar renta y comida. Me quedé en la preparatoria sin terminarla. Fui una niña que viví muchas carencias en mi infancia, ya que mi padre era campesino y solo él llevaba el sustento a la casa. Mi madre, una mujer muy sumisa que dependía de mi padre un hombre muy machista y posesivo.

Emigré a los 17 años de edad a los Estados Unidos como todo mexicano en busca del sueño americano para trabajar y ayudar a mis padres y a mis hermanos más pequeños. Estuve 7 años en Estados Unidos y después de 7 años, regreso a México a casarme con el que es mi esposo. Después de 7 años de noviazgo me casé en el año 2000 y de ahí empecé mi emprendimiento en negocios tradicionales, junto con mi esposo teniendo éxito en todo lo que emprendía, claro como todo con altas y bajas pero nunca desistí y seguí adelante con la motivación de seguir mejorando.

Fui escalando en diferentes negocios pero en mi interior estaban esos sueños guardados que yo había deseado desde niña, el cual me decía a mí misma que yo había nacido para algo más grande.

Varios años después vuelvo a retomar mis estudios terminé la preparatoria y la carrera en nutrición, ya que fue uno de mis sueños ser una profesional en el área de la salud porque en diferentes etapas de mi vida padecí sobrepeso y obesidad. Ninguna dieta me funcionaba y ahora que tengo el conocimiento de lo que es alimentación y nutrición lo aplico a mi persona logrando estar en mi peso ideal, me encanta seguir aprendiendo. También me certifique como coach ontológico y de vida, terapeuta en la técnica de meditación "ThetaHealing", tengo la especialidad de nutrición orto molecular en obesidad, el cual eso me motiva ayudar a más mujeres con mi conocimiento a mejorar su salud a través de la nutrición.

Hoy por hoy, soy una mujer muy bendecida después de tocar fondo en lo físico, como en lo económico y volver a empezar ya que Dios me dio la oportunidad de seguir viviendo y empezar nuevamente. Hoy tengo mi empresa con mi propia línea de productos 100% orgánicos para el control de peso y cuidado de la piel con dos marcas registradas una como Bioinher Fit y otra como O&F. Hoy te digo a ti mujer que a diario tenemos una oportunidad de empezar y dar ese primer paso y hacer lo que nos dicte nuestro corazón porque tú como yo, no elegimos nuestro principio pero sí somos responsables de elegir nuestro final.

Capítulo # 3 Los milagros existen

El 29 de octubre del año 2020, mi salud empezó a desmejorar por una bacteria que adquirí y se almacenó en mi riñón izquierdo. Afectando inmediatamente avanzó tan rápido la bacteria que en un mes mi riñón ya no estaba funcionando, para el 29 de noviembre de ese mismo año me programan la primer cirugía para realizarme una nefrectomía sacar el riñón izquierdo pero en el proceso de las cirugía se complicó y tuvieron que suspender la cirugía ya que mi temperatura había bajado mucho y mi cuerpo empezó a enfriarse. La presión se estaba elevando bastante al punto de un paro cardiorrespiratorio. Suspendieron la cirugía para meterme de emergencia a terapia intensiva, me puse muy grave que se pospuso la operación después de varios días en terapia intensiva.

Fui reaccionando y mejorando poco a poco y programaron nuevamente la cirugía para el mes de enero pero me volví a poner muy mal y no pude llegar hasta el mes de enero ya que caí en un cuadro de anemia por la lesión renal al no poderlo quitar el riñón estaba generando infección era muy peligroso dejarlo ahí, porque se podían contaminar mis órganos internos o subir la infección al corazón y al cerebro y eso sería letal para mí. Me programaron para realizar la segunda cirugía, el 5 de diciembre de ese mismo año una cirugía muy complicada que duró 12 horas consecutivas nuevamente me vuelvo a poner mal se reventó la vena Orta en el transcurso de la cirugía y me transfundieron durante la cirugía varias unidades de sangre y plasma. Nuevamente entro a terapia intensiva inmediatamente claro que yo no recuerdo nada de eso porque fui anestesiada general pero es lo que el médico después me informó cuando reaccione de terapia intensiva quedando muy mal de mi salud.

Me tuvieron que dar de alta lo más rápido posible porque era temporada de COVID y en ese hospital donde yo estaba atendían a pacientes COVID. Me tuvieron que sacar y atenderme con muchos cuidados médicos en casa bajo supervisión médica del nefrólogo, urólogo y el endocrinólogo con bastante medicamento antibiótico inyectado y tomado para mi recuperación ya que de 67 kg que pesaba llegué a bajar a 43 kg pero aquí no acaba todo mi proceso ya que fui mejorando y reaccionando. Mis familiares me informaron de las cuentas tan grandes que se habían acumulado en mi segunda operación, dinero que se tuvo que sacar en créditos en diferentes bancos ya que por ser un hospital particular no te pueden atender si no se les deposita el dinero por adelantado y no te pueden seguir atendiendo si no se paga antes y como en mi caso era grave pues se consiguió muchísimo dinero. Después que me entere de las deudas que se nos habían acumulado para mí ya era más mi preocupación por la deuda que mi proceso de enfermedad. Se recurrió a los bienes que teníamos para venderlos a precios muy muy bajos rematarlos para pagar lo antes posible las cuentas de los bancos porque eran muy altos los intereses.

Pero mi desierto no acaba ahí unos meses después cuando yo ya estaba más recuperada me contagio de COVID, contagio a mi esposo y a mis dos hijos. Fue algo tormentoso muy fuerte estábamos aislados e incomunicados. Mi esposo y yo conectados al oxígeno, agradezco a mis familiares que se ocuparon de alimentarnos gracias a Dios nos dejaban la comida colgada en la puerta y poco a poco como podíamos la recogíamos ya que en esos momentos nadie quería acercarse a nosotros por el contagio. Fue algo muy fuerte y yo sin poder mirar a mis hijos, ya te imaginaras lo que es eso para una madre. El contagio de COVID para mí fue muy fuerte, que te soy sincera llegó un momento que ya no quería vivir, ya nada me motivaba se me habían acabado las fuerzas pero te comparto lo que me hizo salir de ese pantano donde yo me encontraba y sentía que ya no podía salir.

Yo le agradecía a Dios por todo lo que ya me había dado en todos estos años de mi vida y también que el hiciera su voluntad de llevarme con Èl o me dejara seguir viviendo y que crees gracias a el milagro de Dios que me dio la oportunidad de seguir con vida hoy estoy aquí de pie escribiendo estas líneas en este libro para decirte que los milagros existen que yo soy testigo de ellos, los viví en carne propia pero en esos momentos difíciles de agonía viene a mi mente la imagen de mis dos hermosos hijos. En esos momentos pensé que eran muy pequeños para yo dejarme caer y ya no seguir viviendo pero como toda mujer guerrera y madre saqué fuerzas de donde ya no las habia. Yo no quería que mis hijos tuvieran un recuerdo de esos momentos difíciles que vivieron a mi lado de verme decaída, enferma y derrotada. Empiezo a enfocarme únicamente en mi, en mi salud, empiezo a nutrir mi cuerpo y darle todos los nutrientes necesarios para elevar mis defensas, recuperar mi peso y seguir adelante poco a poco.

En un año hice muchos cambios, cambié hábitos, incremente herramientas y pasos que hoy te comparto en este libro que si tú los llevas a cabo sin duda tendrás éxito en todo lo que desees, en diferentes áreas de tu vida te lo dice una mujer guerrera con el corazón en la mano y con mucho amor que si yo pude tú puedes también. Aplica todo lo que te comparto en este libro por más pequeños que sean los pasos, las herramientas y hábitos, yo te aseguro 100% que lograrás tu éxito.

Capítulo # 4 Pasos para empezar un cambio de vida

Paso 1: Pon a Dios en primer lugar

Cada vez que llego a este punto siempre es un gozo para mí, sabías que la mejor clave para vivir una vida llena de bendiciones es mantener a Dios en primer lugar. Cuando tú pones a Dios en primer lugar y haces que Èl sea tu más alta prioridad de agradarle a Èl, tú puedes vivir una vida bendecida y plena. Así que desarrolla la actitud y gratitud a Dios, la escritura dice que Dios recompensa a los que lo buscan con sinceridad. No lo busques a medias tampoco solo cuando tienes un problema porque de esa manera lo estamos buscando en raras ocasion

Dios recompensa a las personas que lo buscan con sinceridad. Dios es un Dios de misericordia y abundancia, cuando lo mantenemos a Èl en primer lugar, Èl no será capaz de contener todas las cosas buenas para nosotros, toma en cuenta de que invertir tiempo con Dios es vital para vivir una vida victoriosa. Para que puedas pasar tiempo con Dios probablemente tengas que levantarte más temprano antes que tus hijos te ocupen, antes de revisar tu correo, antes que empiece a sonar tu teléfono. Tienes que invertir tiempo en tu bienestar espiritual no solo alientes a tu cuerpo físico desarrolla el hábito de detenerte a orar y a buscar la voluntad de Èl. Antes de tomar cualquier decisión importante porque si haces eso yo creo y declaro que tu nuevo comienzo en tu vida lograrás superar cada dificultad que se te presente y se concretarán cada una de tus metas, te convertirás en la mujer que Dios ha creado.

Declaracion de afirmacion: Yo pongo a Dios en primer lugar

Aprende a confiar en el tiempo perfecto de Dios

La naturaleza humana tiende a querer todo ahora mismo siempre tenemos prisa la mayoría de nosotras nos impacientamos cuando perdemos nuestro lugar en la fila de algún lugar, cuando oramos para que nuestros sueños se cumplan queremos que se cumplan inmediatamente pero hay que entender que Dios tiene un tiempo asignado para contestar nuestra oración y para cumplir nuestros sueños. La verdad de eso es que no importa cuánto deseemos que esa petición se cumpla, no importa cuánto oremos o le roguemos a Dios eso no cambiará el tiempo que Èl ha ordenado y las cosas se darán según a ese horario debido a que ocasionalmente no entendemos los tiempos de Dios.

Vivimos frustradas preguntándonos cuándo hará algo Dios por mi, cuándo cambiarás a mi esposo. Dios cuando me traerás a mi pareja, Dios cuándo será un éxito mi negocio, Dios cuándo cumplirás mis sueños. Sin embargo cuando entiendas los tiempos de Dios, no vivirás frustrada o estresada te podrás relajar sabiendo que Dios está en control y que Èl lo hará en el tiempo perfecto, ni un segundo tarde podrá ser la semana que entra, el próximo año o en 10 años pero sucederá algún día puedes estar segura si haces lo que te toca y lo que puedes hacer tu y le dejas a Dios lo que no puedes hacer, solamente Èl lo puede hacer, pero si tienes la fe suficiente y aprendes a confiar en el.

Lo importante es cómo esperaras, cuál será tu actitud física, emocional y espiritual. Si, esperas con una buena actitud el día llegara así que es mejor que empieces a relajarte porque cuando es el tiempo de Dios se cumplirá de repente. Las cosas cambiarán en un segundo ese negocio prosperará, repentinamente tu esposo deseara una relación con Dios, de repente aquel hijo desviado llegará a casa en un momento, Dios cumplirá tus deseos y tus sueños.

Dios muchas veces obra cuando menos lo podemos ver o sentir. Aprende a confiar en su tiempo, no te apures, no te vuelvas impaciente, no trates de abrir la puerta a la fuerza , no intentes hacer las cosas con tu poder y permite que Dios lo haga a su manera porque Dios tiene el control de tu vida en la palma de sus manos deja que Èl actúe en su tiempo indicado.

Declaración de afirmación: Yo confió en los tiempos perfectos de Dios

Aprende a escuchar la voz de Dios

Dios quiere que seamos mujeres de integridad y de excelencia, mujeres de honor, mujeres confiables. Una mujer de integridad es abierta y honesta, no tiene motivos ocultos, una mujer de palabra cumple con sus compromisos no necesita de un contrato legal porque su palabra es su fianza, la mujer íntegra es la misma en público que en privado. Dios te está llamando a salir de la mediocridad y a entrar en la excelencia. Haz lo que tu corazón te diga, lo que es correcto y a largo plazo irás más lejos, más feliz y te sentirás más realizada porque Dios te proveerá cuando caminas en rectitud. El tiene la victoria planeada para ti así que te conviene ser una mujer de excelencia, haz lo correcto honra a nuestro creador porque tú eres la representante de Èl. Aquí en la tierra eres la mejor obra de su creación, así que tienes que actuar como tal, si lo haces te aseguro y declaró que Dios te bendecirá con abundancia y superarás cualquier obstáculo que se te presente y te convertirás en la mujer que Dios ha creado.

Declaración de afirmación: Yo escucho la voz de Dios en mi interior

Mantén la paz a pesar de los problemas

A pesar de tus problemas mantén la paz. Sabías que puedes tener paz aún en medio de circunstancias muy difíciles. Muchas mujeres intentan librarse de sus problemas con la esperanza de que serán felices y podrán empezar a disfrutar de la vida. Sin embargo, Dios quiere que aprendamos a tener paz en medio de la tormenta, puedes tener problemas y conflictos alrededor de ti pero una verdadera paz está en tu interior. Es posible que te preocupes o molestes por algún aspecto de la vida por tus finanzas o porque hay una situación injusta en tu trabajo y dejas que esa situación perturbe tu interior día tras día, esto te pesa, te quita la paz, la energía y el entusiasmo. Es que tu permitiste, que la tormenta entrara, debes hacer algunos cambios tan pronto pase esto no sabes cuando pase este desafío habrá otra cosa que puede robarte la paz. Tienes que cambiar tu perspectiva y dejar de permitir que todo esto te perturbe haz lo opuesto entrégale esa situación a Dios, debes entender que hasta que entres en ese lugar de paz Dios puede obrar. Èl quiere hacerlo porque Èl obra donde hay actitud de fe y expectativa y no falta de fe o preocupación y desesperanza o desaliento.

Todos los días, yo sé que algunos días tendrás oportunidades de perder tu paz, porque a veces perdemos nuestra paz por cosas que no podemos cambiar. Por ejemplo. no puedes cambiar el tráfico de la mañana, no puedes hacer que tu cónyuge, tu jefe o tu vecino hagan lo correcto solo Dios puede hacerlo así que más te vale disfrutar de la vida mientras Dios se ocupa de cambiar cosas en las vidas de quienes te rodean. Muchas veces puedes perder algunos planes o puede ser que esos planes no resulten como lo deseabas pero déjate lleva, déjate de preocupar por cosas que no puedes cambiar entrega la situación por completo en las manos de Dios tu fuiste creada para volar alto y para mucho más

Declaración: Yo mantengo mi paz

Paso 2: Empieza por limpiar tu casa

¿Por qué hay mujeres que no logran ser ordenadas? ¿Qué hay detrás de ese desorden? el desorden en el espacio que habitamos es el reflejo y señal de la desorganización en nuestro mundo interior. Estar lleno de objetos significa que estás llena de ideas de proyectos sin resolver ese desorden te está enviando un mensaje de confusión interna falta de definición en tus cosas, falta de estructuración en lo que deseas para tu vida.

Fíjate, que los que estudian el feng shui y psicología aseguran que el desorden tiene significados diferentes dependiendo en qué lugar acumules cosas que aquí te los comparto:

• objetos que se encuentran a la entrada de una casa amontonados: significa que tienes un temor muy grande en relacionarte con otras personas

• objetos almacenados en la cocina o donde preparas tus alimentos: Significa que tienes resentimiento y que estás frágil emocionalmente

• objetos acumulados en los armarios: Significa dificultad para controlar y analizar tus sentimientos y emociones.

• objetos almacenados debajo de los muebles: Significa que eres dependiente de lo que opinan los demás y le das mucha importancia a las apariencias

• objetos acumulados detrás de la puerta: Significa una expresión de miedo a ser rechazada por los demás y tienes la sensación de sentirte vigilada

- objetos acumulados en el escritorio o sitio de trabajo: Significa frustración miedo y control

- objetos almacenados en el garaje: Significa temor a lo nuevo y falta de destreza para actualizarte

- objetos almacenados en los pasillos: Significa miedo a expresar a decir directamente lo que deseas

- objetos almacenados en la sala: Significa sentir miedo a ser rechazada por la sociedad

- objetos almacenados en el comedor: Significa sentirte controlada por la familia e insegura por ti misma

- objetos almacenados por toda la casa: Significa que tienes ira reprimida que eres apática y no tienes interés por la vida

Un punto muy importante que tienes que analizar, si tienes todas las puertas abiertas de los clósets, de los armarios de la cocina, todas las puertas de las habitaciones eso significa qué hay cosas en tu vida que no has querido cerrar o situaciones en tu vida que han quedado abiertas que tienes que solucionar son círculos que tienes que cerrar.

Si ya pudiste identificar porque almacenas tantos objetos en diferentes partes de tu casa es momento de empezar a ordenar a clasificar por categorías, por grupos y ver dónde deben de guardarse. También, si tienes cosas en duplicado o triplicado solo quédate con una y deshazte de las otras no acumules cosas que no necesitas y te quitan espacio tampoco acumules cosas que no has usado por años y que no vas a usar de momento. Cuando tú empiezas a separar y a organizar realmente lo que necesitas y usas, te vas a sentir mucho mejor. Es importante que despejes y trabajes en tu mente que te dispongas a hacer lugar a lo nuevo es importante regalar o vender lo que no usas para que tengas más espacio para que la energía se mueva y lleguen cosas nuevas a tu vida.

Por ejemplo, si tienes ropa que no te queda que la estás guardando para cuando bajes de peso regálala mientras bajas de peso, deja ese espacio vacío, yo te lo aseguro que llegarán cosas nuevas a tu vida, por ejemplo: cuando sea tu cumpleaños, el día de la madre, el día de los enamorados alguien te va a regalar eso que tú ya regalaste definitivamente. Porque, si tienes todos tus armarios llenos de cosas viejas de ropa vieja, yo te lo aseguro que jamás llegarán cosas nuevas porque no hay movimiento de la energía positiva, no hay lugar para más cosas. Además que se estanca energía negativa en esos espacios saturados algo porque también quiero que tomes en cuenta muchas veces los guardamos como un recuerdo que porque te lo dio tu mamá, tu amiga, tu mejor amigo o en otros casos que es un recuerdo de algún familiar ya fallecido y lo quiere seguir conservando yo te sugiero te desprendas de esas cosas porque no hay un mejor lugar para tenerlo que en tu corazón, ahí está el recuerdo guardado de lo contrario si no haces todo esto que te estoy diciendo te lo aseguro que no vas a avanzar, decídete avanzar a otro nivel despójate de esas cosas que no te dejan tener cosas mejores para tu vida. Cuando limpias tu lugar, limpias también tu mente.

Hábitos de limpieza y orden (solo algunos de muchos)

Al levantarte inmediatamente tiende tu cama

Pon todo en su lugar, por ejemplo: ropa en el closet, trastes en la cocina, libros en el librero

El baño siempre debe estar limpio si se te cae pasta o pelo limpia inmediatamente

Lava los trastes diariamente y nunca dejes trastes sucios para el día siguiente

Limpia el comedor después de comer

Junta la basura en la noche y sácala todas las mañanas

No acumules mucha ropa sucia, lava, plancha y acomoda el mismo día o selecciona un día en específico de la semana para realizar esas labores

Mantén lo más despejado las superficies planas como tocador para cuando limpies sea menos tiempo

La comida que te sobre debes guardarla en recipientes pequeños y transparentes en el refri para que sepas que es y no se te olvide en el refrigerador etc.

Paso 3: Empieza a ordenar tu mente

Ordena tu desorden mental

Nuestra mente es algo fantástico está llena de inmensas posibilidades y tiene especialidades ilimitadas sin embargo en el mundo actual sobre estimulado y acelerado que vivimos nuestra mente puede verse rápidamente abrumada en ella. Hay una conmoción constante que nunca se detiene un golpeteo descontrolado de pensamientos que pueden dejarte nerviosa, preocupada, triste o perturbada porque nunca estás en paz contigo misma y parece que nunca puedes salir de la rutina y avanzar para lograr tus objetivos a menudo te sientes desconcentrada y desorientada estos son signos claros de una mente desordenada.

Cuando nuestra mente se sobrecarga puede provocar una incapacidad para pensar con claridad lo que puede dar lugar a una pérdida de productividad. Si sientes que tu mente va más rápido de lo que puedes seguir es esencial que te cuides y encuentres una manera de desordenar tu mente para que puedas guardar claridad mental y lograr un mejor éxito. Afortunadamente hay formas de entrenar a tu cerebro para que reduzca su velocidad y te concentres. Lo primero que tienes que entender son estas diversas cosas que pueden llevarte a desordenar tu mente hay muchas mujeres que se pasan la vida arrastrando el equipaje del pasado nos aferramos a cosas que están fuera de nuestro control como es el rencor o preocupación del pasado que no podemos cambiar. Sin embargo, es esencial entender que el pasado se ha ido y si quieres ganar claridad mental tienes que aprender a dejar ir, poque la carga del pasado puede ser increíblemente pesada e influirá en el presente y perjudica tus acciones y juicio, te impedirá alcanzar un mayor éxito.

Otro problema al que se enfrenta la mujer es cuando empiezas a traer pensamientos limitantes a tu mente afectan tu capacidad de tomar decisiones, te sientes confusa desconcertada y distraída. Cuando aprendas a callar este parloteo constante podrás empezar a despejar tu mente y obtener la claridad que necesitas para tener éxito en lo que deseas los pensamientos negativos también pueden afectar tu claridad mental para procesar ideas constructivas desgraciadamente si permites que permanezcan en tu mente los patrones de pensamientos negativos acabarán por convertirse en parte de tu personalidad y empezarán a influir tanto en tus pensamientos como en tus acciones.

Te impedirán alcanzar tus objetivos es necesario que comprendas claramente los mecanismos de los patrones de pensamientos negativos para que puedas aprender las diferentes formas de romperlos cuando nuestra mente está atestada de cosas del pasado y de pensamientos negativos no podemos encontrar la felicidad. Los pensamientos negativos que tenemos hacen que nuestros defectos nos controlen en lugar de contar las bendiciones de nuestra vida acabamos renunciando a las alegría de la vida. Sin embargo, puedes cambiar todo esto desarrollando un mayor sentido de claridad mental.

La realidad es que el desorden mental cuando no se trata, no solo influirá en tu mente sino que también puede conducir a manifestaciones físicas. Toma el tiempo para limpiar tu mente de todo el desorden y aplica estos pasos para el éxito ya que es increíblemente importante si quieres disfrutar de un mayor éxito. Diferentes tipos de desorden mental y lo que puede desencadenar aprende a identificar y arreglar tu desorden mental y ganar claridad pero primero tienes que conocer los diferentes tipos de desorden mental y las diversas formas que se manifiestan en tu persona. Hay cinco tipos de desorden mental que pueden acabar haciéndote perder la concentración y alejarte de un mayor éxito. La información que esta en este libro te ayudará a determinar qué tipo de desorden mental consume tu mente.

Conversación negativa

La mayoría de nosotras tenemos una voz en la cabeza que nos dicta información puede ser la voz que te incita a decir algo durante una conversación o la voz que te dice que es lo que realmente quieres en una situación determinada.

Es la voz que te habla de cómo te ves cuando te miras en el espejo o la voz que te habla en términos de tu autoestima, puede ser tanto positiva, como negativa este tipo de auto conversación cuando es negativa puede crear una cantidad importante de desorden mental en nuestra cabeza.

Cuando te dices a ti misma un objetivo específico que estás tratando de lograr y te dices que es imposible puedes terminar fracasando. Por otro lado si puedes cultivar una auto conversación positiva es mucho más probable que el resultado acabe haciendo lo contrario y en lugar de fracasar tengas éxito.

La auto conversación negativa acaba creando un entorno mental negativo que afecta a todas en todos los aspectos de nuestra vida. Algunos signos comunes de este tipo de entorno mental es el sentimiento de duda sobre ti misma.

Si te sientes identificada con alguno de estos sentimientos no estás sola. Este es un tipo común de desorden mental con el que muchas mujeres lidian y muchas ni siquiera se dan cuenta de que está ocurriendo hasta que se detienen a pensar en ello.

Preocuparte

Otro tipo de desorden mental con el que muchas mujeres se enfrentan es la preocupación. Para algunas mujeres esta preocupación puede ser crónica aunque está bien preocuparse por ciertas cosas de vez en cuando pero cuando la preocupación empieza a apoderarse de tu vida se convierte en algo crónico y puede llegar hasta el grado de estrés, ser adictivo o compulsivo.

Por ejemplo: las que se preocupan en exceso les puede resultar difícil reconocer que ciertas situaciones están fuera de su control, no todo en la vida es previsible pero para algunas mujeres este hecho puede resultar a veces insoportable, para ellas el resultado de una mente desordenada y preocupada, la otra razón por la que la preocupación puede ocupar mucho espacio mental valioso en muchas ocasiones es el futuro, es la preocupación de muchas mujeres y ese desorden mental suele estar causado por ansiedades que se escapan de tu control. Al cambiar el enfoque de tu mente hacia aspectos más positivos de la vida es posible evadir y eliminar una gran parte del desorden mental que se te ha acumulado.

El miedo

El miedo también puede desordenar tu mente e impedir que procese la información de forma eficaz. Si alguna vez has experimentado la sensación de temor ante una situación que nunca antes habías afrontado entonces eres consciente de que el miedo puede detenerte en tu camino.

El miedo puede impedir que seas capaz de realizar lo que debes o necesitas realizar mientras que también es capaz de manipular tu cerebro en el proceso si permites que el miedo penetre en tu mente. Hasta el punto, de que te impide hacer algo que te acerque a tus objetivos entonces debería de estar claro que el miedo es un tipo de desorden mental importante que necesitas eliminar de tu vida.

La culpa

La culpa o la vergüenza suelen manifestarse en la mente cuando no estamos contentas con lo que decidimos y que no nos entusiasma, esto se convierte en algo doble cuando las decisiones que hemos tomado en el pasado acaban perjudicándonos y no nos importa si hay personas que han confiado en nosotros de alguna manera.

El sentimiento de culpa puede acabar ocupando mucho espacio mental cuando no somos capaces de olvidar. Nuestras malas decisiones en lugar de dejar pasar estas malas decisiones y permitir que se conviertan en una experiencia de aprendizaje la mujer puede a veces aferrarse a sus sentimientos por culpa o incluso por vergüenza este tipo de aferramiento alimenta una situación en la que la mujer permite que su autoestima se vea empañada y permite que se desarrolle una baja autoestima. Además la culpa y la vergüenza pueden acabar abriendo tu mente y dejando pasar el discurso negativo.

Por ejemplo: si te sientes culpable o avergonzada por una situación del pasado puedes empezar a sentirte resentida o enfadada contigo misma. Una vez que te enfadas y recientes los pensamientos negativos pueden empezar a apoderarse de tu mente y debes ser capaz de reconocer los sentimientos de culpa y vergüenza, es el primer paso para liberar tu mente de las garras de la culpa. Una vez que puedas reconocer este tipo de emoción en ti misma podrás empezar a trabajar para perdonarte y formar una relación más positiva con tu mente.

Arrepentirte

El último tipo de desorden mental es el arrepentimiento, es esencial que te des cuenta que para que seas feliz te tienes que definir a ti misma ya que probablemente hasta ahora has hecho algo de lo que te arrepientes pero tomar una mala decisión es una de las desafortunadas realidades del ser humano no se trata de la mala decisión y en el problema que te ha cusado sino en como lo vas a solucionar y que aprendiste de esa misma experiencia.

Tu como mujer necesitas ser capaz de mirar objetivamente lo que te salió mal y dónde se puede mejorar. Sin embargo es totalmente posible que te quedes atrapada en el pasado en lugar de ser optimistas sobre tu futuro.

Estos cinco tipos de desorden mental tienen un denominador común que puede describirse como una incapacidad para soltar. Si te identificas con alguno de estos tipos de desorden mental es muy probable que a veces seas demasiado dura contigo misma, lo que puede bloquear tu capacidad de ganar claridad mental, la capacidad de liberarte del peso de saber qué podrías haber hecho algo diferente es esencial si quieres encontrar claridad mental.

Ahora que conoces algunos de los tipos más significativos de desorden mental que podrían estar causando que pierdas la concentración es vital que entiendas algunos de los desencadenantes específicos que pueden conducir a una mente más desordenada.

Las noticias

Para muchas mujeres las noticias diarias pueden ser un punto detonante que acabe provocando una preocupación, un sentimiento de culpa y un estrés innecesario.

Hoy en día a veces puede parecer que todo en las noticias se centra en la violencia, la controversia o la negatividad. Si, estás acostumbrada a ver las noticias de la noche puedes determinar si es un punto desencadenante para ti. Lleva un registro de cómo te sientes después, anota lo que sientes, utiliza tu teléfono para registrar tus sentimientos es esencial que tomes nota de las emociones que pueden surgir y que estén asociadas a los tipos de desorden mental fomentados anteriormente una vez que hayas registrado tus sentimientos después de ver las noticias de la noche deja de verlas unas cuantas noches. Aléjate del caos y comprueba cómo te sientes puede que descubras que tu mente está un poco más despejada cuando te abstienes de verlas aunque esto no significa que debas esconderte por completo de la actualidad mundial si reconoces que las noticias pueden a veces desordenar tu mente de forma inesperada podrás protegerla mejor cuando sea necesario

Dinero

Otro punto desencadenante que puede causar desorden mental es el tema del dinero no importa en qué punto de tu vida te encuentres el dinero es algo que causa a todo el mundo mucho miedo, preocupación o incluso arrepentimiento. Si, piensas continuamente en el dinero y en cómo conseguir más hay algunas cosas que puedes hacer para ayudarte a pensar menos en él, empieza por cambiar tu mentalidad en lugar de estar ansiosa y preocupada por falta de dinero que no tienes, intenta estar agradecida por el dinero que tienes. A continuación debes ser sincera contigo misma sobre el destino del dinero que ganas y después determina en qué te gastas el dinero, puedes empezar a reportar y llevar un control de gastos siempre que sea posible.

Tu pasado

Otro de los desencadenantes que lleva al desorden mental para muchas de nosotras es el pasado. A veces el pasado es simplemente un punto de referencia a medida que avanzas por la vida sin embargo esto no significa que debas permitir que el pasado afecte tu futuro, cuando te centras en el pasado puede parecer que tus demonios internos brillan más de lo que deberían. Todas hemos cometido errores y hemos hecho cosas de las que no estamos orgullosas cuando te centras en estos aspectos negativos de tu pasado en lugar de los positivos es más probable que seas demasiado dura contigo misma. Si puedes empezar, a pensar en el pasado como algo menos definitorio de lo que eres hoy esto puede conducir a una mente menos desordenada cuando estés tomando decisiones importantes.

Tienes que cambiar de tu vida esos malos hábitos actuales que no te dejan avanzar

Es totalmente natural que te quedes atascada en tus costumbres actuales incluso si las circunstancias no te hacen específicamente feliz. Si sientes, que tienes la actitud de que no puedes cambiar las cosas porque son como son, este es un buen momento para empezar a desordenar tu mente y ganar claridad mental. Si crees que tus circunstancias actuales están pasando un nivel significativo de desorden mental en tu vida entonces debes de mirar hacia adentro de ti, tu posición material y tu trabajo para ver si alguno de estos hábitos tiene que ser modificado.

A continuación elabora un plan para abordar estas cosas de modo que puedas deshacerte del desorden mental y obtener más claridad mental y lograr un mayor éxito :

Deja atrás tu pasado

Mientras que el presente puede atormentar tu mente cuando tienes muchas cosas en la cabeza del pasado puede hacer un agujero en nuestras instalaciones mentales cuando se trata de tratar con la gente que nos rodea además es seguro que a todas nos han pasado cosas malas en el pasado que desearíamos poder olvidar. La vida puede dejar a veces cicatrices en el cuerpo emocional y luego depende de nosotros curarlas de la mejor manera posible, dejar ir el pasado es importante porque cuando no puedes dejar ir el pasado esto te puede afectar de cómo reaccionas. Reconoce por qué es importante dejar ir, digamos que un amigo o amiga te hizo daño en el pasado y sientes que te ha dejado una marca emocional debido a lo sucedido sientes que no puedes confiar en nadie más esta sensación genera desconfianza libérate de esa carga de ese peso de algo del pasado que te ha herido puede ser increíblemente agotador desde el punto de vista emocional, perdona.

También hay muchas mujeres que causan dolor a los demás a menudo y que crees que se están haciendo daño a sí mismas, si puedes reconocer este hecho y encontrar en tu corazón un poco más de compasión hacia los demás qué te hacen daño puede que te resulte más fácil dejar atrás el pasado requiere que te perdones a ti misma. Cuando te aferras al pasado existe la posibilidad de que también te culpes a ti misma, por las circunstancias que ocurrieron al igual que encontrar compasión por las personas que te hicieron daño también es esencial encontrar compasión por ti, las relaciones son complejas y es muy posible que tú seas la víctima además de tener cierta responsabilidad del asunto.

Deja de hacerte la víctima

Todas conocemos a alguien que nos ha hecho daño en el pasado y esa fue tu decisión, tu elección del mismo modo tú estás eligiendo insistir en ello y eso es tu decisión. Tienes que aprender a dejar atrás el pasado, tienes que reconocer que te estás convirtiendo en la víctima,

hacerte la víctima es un signo de debilidad y permites que la persona que te causó dolor tenga el control sobre ti de alguna manera en lugar de seguir haciéndote la víctima recuérdate a ti misma que estás en el asiento del conductor y el control de tu vida y no dejes que tu cerebro se quede con los pensamientos negativos del pasado. Ejercita tu mente con afirmaciones positivas una vez que te has dado cuenta de que tienes el control y empiezas a enfocar tu mente en el presente tienes que trabajar en tu autoestima, si quieres dejar atrás el pasado finalmente cuando te quedas pensando en un acontecimiento adverso del pasado con la suficiente frecuencia es probable que tu autoestima se haya visto influida negativamente de aferrarte al pasado. Debes repetir afirmaciones positivas con regularidad esto te ayudará a entrenar tu mente para que te veas a ti misma como merecedora del éxito.

Di lo que sientes

Esta situación si simplemente hubieras expresado tus sentimientos en ese momento tu mente empieza a correr qué pasaría sí para salir de este juego tienes que obligarte a ser más abierta con lo que sientes exactamente. Mira el pasado en busca de positivismo, por último si quieres dejar atrás el pasado tienes que reorientar tu relación en lugar de mirar el pasado y ver las cosas negativas que te han llevado a tus situaciones actuales, mira al pasado y solo ve las cosas buenas que han surgido recuérdate a ti misma los buenos momentos que tuviste en el pasado y todo lo que ha traído con sigo y permite que tu mente despeje el aspecto negativo de tu pasado. Dejar ir el pasado es la única manera de poder avanzar y ganar más claridad mental porque aferrarse a los males que nos han hecho y a los errores que hemos cometido en nuestro camino solo nos impedirá desarrollar todo nuestro potencial y obtener la claridad mental que necesitamos para triunfar.

El poder de tus pensamientos positivos

El pensamiento positivo no se limita a ser más feliz o a proporcionar una perspectiva más optimista. Aunque estos dos resultados son subproductos del pensamiento positivo hay muchos más beneficios que pueden cambiar tu claridad mental y ayudarte a alcanzar un mayor éxito. Estudios recientes han demostrado que el pensamiento positivo está directamente relacionado con el sistema de recompensa del cerebro y el estímulo del placer. Esto significa que el pensamiento positivo o la felicidad va a recompensarte a ti misma con la esperanza de recibir más de este tipo de sentimientos, el pensamiento positivo puede tener un efecto como si fuera una bola de nieve en el cerebro y una vez que empiezas a pensar en positivo tu cerebro no va a querer que pares por el contrario el pensamiento positivo motivara a tu mente a seguir pensando de esta manera y te sentirás muy bien frecuentemente las manifestaciones te ayudan a pensar más positivamente

Conecta tu mente con tu cuerpo

Sabías que el pensamiento es una acción. La mente es un lugar donde ocurre el pensamiento en nuestra vida cotidiana, muy pocas veces nos tomamos el tiempo para sentarnos a pensar en nuestra rutina agitada diaria. Alguna vez has hecho dieta a la fuerza, en contra de tu voluntad por sí sola probablemente no te va ayudar a perder peso porque tienes que cambiar tu forma de pensar sobre la alimentación, el ejercicio, la acción y el resultado corporal es el resultado de la acción mental.

Como nuestras emociones afectan nuestro bienestar

Nuestras emociones diarias pueden afectar desde la satisfacción, hasta la ira, desde los celos, hasta la rabia, desde la alegría, hasta la tristeza cada una de estas emociones tiene un impacto. Cada emoción afecta al cuerpo por ejemplo: una persona, no suele derramar lágrimas porque decide hacerlo las lágrimas no son bienvenidas y típicamente hacemos un esfuerzo por suprimirlas ¿porque surgen las lágrimas? cuando la mente está llena de tristeza o angustia, una acción no intencionada causa el aumento de las glándulas lagrimales y el líquido se produce en una cantidad excesiva y los ojos se desbordan aunque no hayas tenido la intención de llorar el hecho causó el llanto para que sucediera.

Cuando piensas positivamente, tu cuerpo reacciona positivamente. Cuando piensas negativamente tu cuerpo reacciona negativamente por ejemplo: el miedo, la tristeza y la ira causan reacciones fisiológicas que tienen un impacto negativo de gran alcance en el cuerpo. La conexión mente y cuerpo puede ser tan fuerte que algunas mujeres pueden tener serios problemas de digestión, otras pueden experimentar dolor de cabeza debilitante con la evidente angustia que el cuerpo experimenta como reacción de los pensamientos o sentimientos negativos. Es más importante tener pensamientos o sentimientos positivos, porque tu cuerpo manifiesta el estrés de manera positiva cuando te encuentres con alguno de estos dos tipos de pensamientos. Piensa en el impacto fisiológico que está teniendo tu cuerpo y puede llevarte hasta la enfermedad.

Cómo controlar tus pensamientos

Hay una conexión increíblemente fuerte entre nuestra mente y nuestro cuerpo, tan fuerte que nuestros pensamientos impactan en nuestras emociones. El cuerpo tiene fuertes reacciones fisiológicas a cualquier emoción. Las emociones negativas como la ira y el miedo causan estrés excesivo y aumenta tu presión arterial. Las reacciones positivas como la paz y la felicidad causan reacciones positivas fisiológicas en el cuerpo como el aumento del flujo de oxígeno al cerebro.

Capítulo # 5 Herramientas de lo negativo a lo positivo

¿Quieres crear un cerebro positivo y radiante de forma sencilla y realmente eficaz?

Lo primero que debes saber es que tu cerebro está diseñado para cambiar y reorganizarse de acuerdo a tus experiencias, pero lo más interesante para tu cerebro es que tus pensamientos también cuentan como experiencias de lo que te sucede y lo que piensas acerca de lo que te sucede. Tienen el mismo peso neurológico para tu cerebro, si tienes pensamientos recurrentes y se repiten en tu mente se van a convertir en rasgos neuronales y se consolidan como hechos y es muy probable que en el futuro sigas pensando más de lo mismo y sintiéndote de la misma forma. Muy bien que tienen que ver las afirmaciones positivas con todo esto, te estarás preguntando pues muchísimo porque la repetición de afirmaciones positivas te ayuda acomodar rutas neuronales que te sacan de la negatividad, de la angustia y te permiten vivir más tranquilamente.

Las afirmaciones positivas son básicamente una forma de autosugestión que activan estados mentales neuronales plantando la semilla de nuestra fortaleza interna las afirmaciones positivas no son mágicas y no tienen el poder de cambiar las situaciones en sí mismas pero si poseen el potencial para transformar la forma en que percibes e interpretas esas situaciones cuando realizas una de estas afirmaciones te estas creando una experiencia positiva en el momento presente esto conecta nuevas neuronas y cuanto más las prácticas, cuanto más repites más duradera será la relación entre estas células nerviosas y más vas a consolidar patrones de pensamientos positivos.

¿Cómo practicar las afirmaciones positivas? te comparto cómo hacerlo en cuatro sencillos pasos:

1.- Identificar qué área de tu vida quieres mejorar

Escoge un área para empezar

2.- Crea tu afirmación positiva

En momento presente como si ya fuera una situación actual que ya estás experimentando aquí y ahora te comparto algunas afirmaciones mías como ejemplo. Tú las puedes modificar o cambiar creando las tuyas propias.

A pesar de mis errores y mis fracasos encuentro nuevas soluciones a los retos desafíos y obstáculos de mi vida diaria

Tengo todo lo necesario para cumplir mis objetivos a pesar del miedo, no me detengo

Mi sabiduría interior me guía, mi actitud me eleva y mis acciones me permiten seguir adelante

Abrazo los cambios y me adapto fácilmente a nuevas circunstancias y situaciones

Me amo y acepto profundamente tal como soy, las opiniones ajenas no me afectan ni me limitan

Todo está bien ahora, estoy agradecida por este momento aquí y ahora

Gracias por mi vida y por las infinitas posibilidades que me ofreces

Estoy contenta y agradecida porque el dinero fluye en mi vida y mi familia vive en abundancia

Como pudiste notar cada afirmación se enfoca en un área de tu vida en concreto y como te dije esto es solo un ejemplo de algunas afirmaciones propias, pero te aseguro que te da una idea de cómo crear tus propias afirmaciones.

3.- Crea recordatorios

Ejemplo: Escribe tu afirmación en varios papeles y los colocas en diferentes lugares de tu hogar. Cuantos más lugares escoges, más opciones tendrás de recordarte la importancia de repetir la afirmación que escogiste o puedes poner alarmas en tu teléfono o cualquier otro método que te sirva como recordatorio

4.- Repetición y más repetición durante varias semanas

Repítelas en voz alta y confiada varias veces al día, cuantas más veces mejor y antes de dormir repítelas nuevamente una y otra vez. Cada vez que lo hagas le estarás dando nueva información y cuanto más lo hagas más fácil te resultará hacer nuevas relaciones neuronales que te van a permitir convertirte en eso que afirmas. La repetición es la clave y empezaras a notar en tu trabajo que la afirmación que escogiste ya está dando los frutos y créeme que lo vas a saber cuando llegue el momento. Después puedes elegir este proceso de cuatro pasos escogiendo otra área de tu vida en la que quieras trabajar y creando una nueva afirmación para trabajar con ella antes de terminar.

Por último consejo no te olvides de practicar la meditación, yo practico la técnica de "ThetaHealing". Esta técnica me lleva a la atención plena con la quietud de la mente y las afirmaciones positivas es una vía para la transformación realmente rápida y eficaz porque al practicar alguna técnica de meditación, activas la respuesta de relajación en tu sistema nervioso y cuando este modo biológico está activado tu cerebro es mucho más efectivo al recibir información. Así que es un momento ideal para practicar tus afirmaciones por ejemplo: las puedes practicar diariamente por diez minutos, al repetir tu afirmación interiormente o en voz alta en este estado de rlajación la repetición de tus afirmaciones van integrarse de una forma más efectiva.

Cómo empezar un cambio en tu propia vida personal

Todas en algún momento de nuestra vida hemos querido cambiar, ya sea porque nos ha dejado la pareja y tenemos gran parte de culpa o porque estamos realizando alguna actividad que en realidad no era la que deseábamos. El cambio es algo normal en los seres humanos y en la naturaleza pero no siempre es fácil a partir de cualquier experiencia que hemos pasado es muy normal y comprensible llegar al punto de decir quiero cambiar mi vida pero para cambiar o transformarte es un proceso individual que comienza en nosotras mismas. Por lo tanto nosotras somos las principales conductoras de nuestro cambio pero es frecuente que nuestras propias creencias o el miedo a cambiar puedan interferir en el cambio de vida que tanto imaginamos.

Si, estás decidida a cambiar en los siguientes minutos encontrarás los pasos necesarios para llevar a cabo el proceso de cambio:

Conócete a ti misma

El primer paso, es conocerte a ti misma, saber cuáles son tus deseos cuáles son las cualidades que posees y cuál es la dirección que quieres seguir. El primer paso para el cambio es la autorreflexión y el autoconocimiento.

Encuentra un propósito en tu vida

El autoconocimiento es clave para poder averiguar cuál es el propósito que aún no tienes en la vida. Tener un objetivo vital es clave porque te mantiene motivada, es la fuerza que te ayuda a moverte y que día a día ahora no solamente consiste en visualizar el propósito sino en disfrutar del camino mientras se persigue.

Hazlo por ti

Para hacer lo anterior de manera eficaz es necesario conectar contigo misma, por eso es tan útil conocerte a fondo porque muchas veces pensamos que queremos cambiar pero la opinión de los demás nos influye de tal manera que creemos que aquello que nos imponen es lo que nosotros queremos.

Ten voluntad propia

El punto anterior es lo que te llevará a tomar la decisión de cambiar y por lo tanto es necesario tener una buena dosis de voluntad, abrirse al cambio significa que estas dispuesta a transformarte y a perseguir las metas a través de una cierta cantidad de esfuerzo.

Planifica el cambio

Una vez que tienes claras tus ganas de querer cambiar y que sabes que es lo que quieres cambiar, es necesario que planifiques el cambio si es posible incluso tenerlo apuntado en papel pues es más fácil de visualizar y te permite hacer un menor esfuerzo a la hora de traerlo a la mente cuando lo necesites. Fíjate pequeños objetivos y ponles fecha.

Ponte objetivos

Ponte objetivos a corto plazo, no solamente te pongas metas a largo plazo sino que necesitas tener en cuenta tus metas a corto plazo es la única manera de que estés motivada durante el proceso de cambio y de que no te olvides de tu compromiso.

Sal de la zona de confort

La zona de confort es un lugar intangible en el que nos sentimos protegidas y cómodas. Salir de esta zona, provoca que tengamos que esforzarnos para poner a prueba tus dones y talentos mentales que son adaptativos si tú los direccionas.

No temas a la incertidumbre

Salir de la zona de confort puede provocar cierto grado de ansiedad en gran medida por el miedo a la incertidumbre, no saber qué nos espera al cambiar puede producir temor si no tenemos suficiente confianza en nosotras mismas. No visualizar lo positivo, muchas veces visualizamos únicamente las consecuencias negativas de la transformación es por eso que debemos dejar de lado este miedo irracional y procurar analizar los riesgos de forma calmada y analítica.

Auto motívate

Saber automotivarse también es una de las claves para poder cambiar y es una de las mejores cualidades que puede poseer una mujer.

No te compares

No te compares con nadie, más el cambio es un proceso individual. Eres tú quien dice quiero cambiar mi vida, no otra persona porque te sujeta a un contexto muy distinto al tuyo, por eso no debes compararte con las demás sino seguir fiel a ti y a tus deseos y luchar con todas tus fuerzas.

Haz caso ciego

Haz caso ciego de las opiniones de los demás, tampoco debes hacer caso a todas las opiniones de los demás porque algunas mujeres suelen proyectar sus propios miedos en ellas mismas, por la opinión de alguien mas que no tiene la voluntad de cambiar y es probable que tampoco crea que tú puedes hacerlo.

Piensa en la recompensa

Para seguir automotivada durante el proceso de cambio es importante que visualices la recompensa o las consecuencias positivas de lograr el cambio. Sin embargo, te conviene no olvidar que el proceso de transformación es en sí, un premio.

Quiérete a ti misma

También es importante que no seas muy dura contigo y aceptes que las cosas pueden no salir tal y como lo planeaste puedes rectificar y aprender de los fracasos porque si tú no tienes empatía contigo quién la tendrá.

Se realista

Los objetivos y las metas que nos proponemos siempre deben ser realistas de lo contrario podemos encontrarnos con falsas expectativas que pueden entrometerse en el proceso de nuestro cambio y llevar a la frustración la cual no solo es desagradable sino que te quita las ganas de esforzarte.

Desafía tus creencias limitantes

Las creencias limitantes son aquellos pensamientos irracionales que no te dejan cambiar y que interfieren en nuestro crecimiento individual. Por ejemplo: yo no soy capaz de hacer esto, porque siempre tengo mala suerte superar este tipo de pensamientos es necesario para que no te quedes a medio camino del cambio.

Responsabilízate

Responsabilizarte significa empoderarte frente al cambio. Es la habilidad de dar respuesta a los eventos que ocurren a nuestro alrededor con la suficiente capacidad de autoliderazgo lo que te permite superar las adversidades, debes tener claro que tú eres la persona responsable de tus decisiones.

Abandona el victimismo

Lo contrario de responsabilizarse frente al cambio es hacerse la víctima mientras la responsabilidad es tomar acción.

Busca ayuda

Acepta la ayuda de los demás si crees que sus intenciones son reales porque muchas veces no son ni tus amigos o familiares que quieran ayudarte en ciertas cosas. Considera la opción de contratar entrenadores, profesores o coaches. Los coaches son expertos en desarrollo personal y ayudan a las personas a mejorar su autoconocimiento. Planifica metas realistas empodérate frente al cambio, automotivate y contrata a un profesional de este campo, puede ser útil para maximizar tus posibilidades de transformación.

No pierdas de vista el presente

Mantener los pies en el suelo es vital para llevar a cabo el proceso de cambio por eso es importante estar en el aquí y el ahora conectada contigo misma. Está bien tener en mente el cambio pero para conseguir cambiar hay que trabajar diariamente y no olvidarse de donde uno se encuentra en el día a día.

Aprovecha y disfruta el camino

Para aprender cuando las cosas no salen como una planea es necesario aprender de la experiencia y retomar el rumbo de nuevo, es decir volver a empezar el cambio. La mujer exitosa es aquella que aprende de los fracasos y se levanta una y otra vez después de caerse.

Practica el desapego

El desapego es como la liberación emocional, es clave para el proceso de cambio. Esto no significa deshacerse de las personas importantes de nuestra vida, sino que nos ayuda a visualizar las cosas desde una perspectiva mucho más realista y menos emocional.

Aprende a gestionar

Gestiona las emociones tanto el exceso como la falta de motivación, pueden interferir en el proceso de cambio y aunque algunas veces el exceso de motivación es positivo puede provocarnos expectativas demasiado altas en el proceso de cambio. El desarrollo personal te impactará de manera eficaz y no te producirá retrocesos desmotivadores y frustrantes.

Capítulo # 6 Has cambios poderosos

"Una mujer que tenga una meta muy clara conseguirá avanzar incluso en las condiciones más difíciles". "Una mujer que no tiene ninguna meta no conseguirá avanzar ni siquiera en las condiciones más favorables"

En tan solo 7 pasos te enseñare a crear una técnica poderosa para tener la vida que todas soñamos. Después de conocer estos pasos te invito que los apliques inmediatamente.

Cada uno de estos pasos te ayudarán a avanzar más rápidamente hacia la maravillosa vida que puedes vivir, empecemos:

Paso 1: Ten grandes sueños

Solo las grandes soñadoras tienen la fuerza necesaria para mover el alma de su propio ser para conseguir el éxito en todo lo que se propongan. El éxito financiero no es el factor más importante y no es el dinero sino, es el tipo de persona que tienes que ser para ganar ese dinero, tienes que tener objetivos claros específicos y definidos para triunfar. Siempre tienes que estar pensando en tus objetivos por lo tanto debes estar continuamente avanzando hacia ellos y conseguirás mucho más que la mujer que normalmente pasa la mayor parte del tiempo pensando y hablando de sus inquietudes y problemas.

Paso 2: Deja todo lo que has venido haciendo mal

Trabaja en aquello que te gusta hacer a diario. Si empiezas a hacer lo que te gusta de verdad no volverás a trabajar ni un solo día de tu vida, hacer lo que te gusta es uno de los mayores secretos del éxito personal y financiero. Una de tus principales responsabilidades en la vida es descubrir lo que realmente te gusta hacer para lo que tienes talento natural y luego enfócate totalmente en realizar ese trabajo en concreto muy bien realizado y has realmente lo que te gusta, ahí está el secreto para lograr lo que siempre soñaste.

Paso 3: Nunca dejes de estudiar

El aprendizaje continuo es el requisito mínimo para alcanzar el éxito. En cualquier campo no hay ningún obstáculo que no puedas superar, ningún problema que no puedas resolver y ningún objetivo que no puedas lograr. Aplica la fuerza de tu mente porque tu mente es como un músculo, solo se desarrolla con el uso del mismo cuanto más tiempo le dediques al aprendizaje más fácil te resultará aprender.

Paso 4: Define tus prioridades

Dedica tiempo a tus prioridades, una mujer con 2 prioridades está poco concentrada en cualquiera de ellas dedícate a lo que consideras más provechoso para ti y si desarrollas el hábito de definir prioridades y de concentrarte individualmente en cada una de ellas podrás conseguir prácticamente todo lo que deseas en la vida esta estrategia ha sido la principal en mi éxito.

Paso 5: Se disciplinada

La disciplina es la fuerza y la capacidad para obligarte a hacer lo que tienes que hacer, cuando lo tienes que hacer, tanto si tienes ganas o no. Para ser disciplinada contigo misma hay que saber dominarte controlarte y ser responsable. La diferencia entre la mujer que triunfa y la que fracasa es que la que triunfa transforma en un hábito las cosas que tiene que hacer y las que fracasan no les gusta hacer lo que tienen que hacer. Cuanto más practiques la disciplina con las cosas pequeñas más capacitada estarás para ser disciplinada con las grandes oportunidades experiencias y desafíos de tu vida.

Paso 6: Rodéate de mujeres exitosas

¿Porque te digo que te rodees de mujeres exitosas? porque dentro de 5 años serás igual o mejor que ellas. Lee los libros que ellas leen, sigue adelante y absorbe las actitudes, comportamientos, valores y creencias de ellas. Júntate con ellas la mayor parte del tiempo si quieres triunfar, rodéate de gente optimista, feliz que tenga objetivos y que progrese al mismo tiempo, aléjate de las personas negativas críticas e insatisfechas.

Paso 7: Pon acción

Se decidida no pongas excusas cuando te determines a tener éxito. Tendrás más probabilidades de hacer lo correcto en el momento adecuado, las mujeres que no triunfan son indecisas saben que tendrían que hacer o dejar de hacer algunas cosas pero no tienen el carácter o la voluntad necesaria para tomar decisiones firmes y como consecuencia de ello vagan por la vida y nunca alcanzan la felicidad, la plenitud o el éxito.

Nunca llegan a ser exitosas, ni a lograr la independencia financiera, si te conformas con mucho menos de lo que te corresponde y si te comprometes a ser una mujer decidida y orientada a la acción cambiaras totalmente el rumbo de tu vida. En poco tiempo recuerda el éxito es predecible, el éxito no es una cuestión de suerte o un accidente es el resultado de tus decisiones y acciones, que has venido haciendo durante estos años de tu vida. Utiliza estas técnicas y estrategias te darán una ventaja de llegar a ser una vencedora para el resto de tu vida.

Capítulo # 7 Por que la mujer no tiene éxito

Hay varios hábitos que pueden mantener a una mujer en la pobreza y no necesariamente pobreza financiera sino pobreza mental y espiritual. Es importante reconocer cuales son esos hábitos para poder trabajar en ellos, en este capítulo me voy a referir a la pobreza financiera, para mejorar nuestra situación financiera. Un mal hábito sería gastos innecesarios, este es un hábito que puede mantener a una mujer en la pobreza, estos gastos son aquellos que no son esenciales para la vida diaria y pueden acumularse rápidamente dejando poco dinero para las necesidades básicas. Es importante evaluar cuidadosamente los gastos y priorizar las necesidades antes de gastar en cosas no esenciales.

Cuando no tenía ni idea sobre cómo mantener mis finanzas saludables veía mucha gente que ganaba menos que yo y les alcanzaba para todas sus necesidades, incluso para darse sus gustos. Sin embargo, a mí me faltaba el dinero y no comprendía las razones de cómo ellos podían hacer que les alcanzara para todo. Es ahí cuando empecé a investigar y buscar soluciones y me di cuenta que unos de mis hábitos terribles que tenía en mi vida y quizá tú también los tienes y sea la razón por la que tu dinero no te alcanza y te mantiene en la pobreza.

Si, quieres mejorar tu situación económica es posible, apunta en un cuaderno cada hábito que te compartiré a continuación para que posteriormente reflexiones y así puedas cambiar esos malos hábitos. Todas las mujeres tienen hábitos malos y buenos sin embargo las mujeres que están en la pobreza son las que más hábitos malos poseen en su vida. En un libro que leí dice que ser rico no es resultado de fórmulas o magia sino simplemente es cuestión de adaptar buenos hábitos en nuestro día a día. Si estás en una mala o pésima situación económica reflexiona qué hábitos malos posees ya sea que duermas mucho, no te guste aprender, seas conformista, negativa o todos aquellos hábitos que te mencionaré en este libro.

Malgastar

Salir a cenar en restaurantes costosos, comprar ropa y zapatos de marca o suscribirte a servicios de suscripción que no usas frecuentemente cuando aún no se tienen fuentes de ingresos sólidas es importante hacer un presupuesto y asignar dinero para las cosas esenciales. Esto puede ayudarte a evitar los gastos innecesarios, también puede ser útil hacer una lista de deseos y considerar si esos gastos son realmente necesarios o si se pueden postergar hasta que se tenga más dinero disponible.

Falta de disciplina

La falta de disciplina financiera es una de las principales razones por lo que muchas mujeres luchan para salir de la pobreza. La falta de autocontrol puede llevarte a gastar más dinero de lo que tienes, no ahorrar lo suficiente para el futuro, el tomar decisiones financieras pobres en general. La disciplina financiera implica establecer metas realistas hacer un presupuesto y luego cumplirlo, priorizar los gastos y limitar los gastos innecesarios.

Para superar la falta de disciplina financiera es importante trabajar en el autocontrol y la toma de decisiones responsables, se pueden establecer metas a corto plazo para aprender a controlar el gasto y desarrollar hábitos más disciplinados con el tiempo se pueden establecer metas más grandes y avanzar hacia la independencia financiera.

No ahorrar

La falta de ahorro es uno de los hábitos financieros más comunes que pueden mantener a una mujer en la pobreza. El no ahorrar puede deberse a varios factores como vivir al día, gastar en exceso, no establecer prioridades financieras o no tener un plan financiero a largo plazo. Sin embargo, la falta de ahorro puede tener consecuencias financieras negativas a largo plazo, como no tener suficiente dinero para emergencias imprevistas. Comprométete a ahorrar una cantidad específica de dinero cada mes, también es útil limitar los gastos innecesarios y eliminar deudas, es lo que puede liberar dinero para ahorrar. Finalmente es importante recordar que ahorrar no es solo para los ricos, cualquier mujer independientemente de su nivel de ingresos puede desarrollar un hábito de ahorro y establecer una base financiera sólida para el futuro.

Mal manejo de deudas

El mal manejo de deudas puede tener graves consecuencias financieras para una mujer. Si, no se controla adecuadamente el uso de los préstamos y tarjetas de crédito puede resultar en una acumulación excesiva de deudas y cargas financieras abrumadoras. Por ejemplo: si una persona no paga a tiempo las facturas de la tarjeta de crédito se pueden acumular intereses altos y cargos adicionales que pueden dificultar aún más el pago de la deuda. Además, no planificar adecuadamente la adquisición de un préstamo puedes terminar con una deuda que no puedas pagar. Lo que puede resultar en la pérdida de bienes o incluso en la bancarrota, por lo tanto, es importante establecer un presupuesto claro, evitar gastos innecesarios, hacer pagos a tiempo, tener un plan a largo plazo para pagar las deudas, de esta manera se pueden evitar los riesgos financieros y mantener una situación financiera saludable.

Te comparto el peor hábito que yo tenía y no me dejaba avanzar. Era no tener una educación financiera adecuada, esto significa no saber cómo manejar el dinero de manera efectiva, no saber cómo establecer un presupuesto, no entender el valor del ahorro, no tener una visión clara de educación financiera actual y a futuro, la falta de educación financiera puede llevar a una mala toma de decisiones. Ahorra un poco de dinero cada mes, para que emprendas tu propio emprendimiento desde tu casa pero te recuerdo que el cambio no sucederá de la noche a la mañana, pero cada pequeño paso que des te llevará en la dirección correcta mantén el enfoque en tu objetivo a largo plazo y alcanzaras la estabilidad financiera y evitar la pobreza.

Rodearte de mujeres con mentalidad de pobreza

Si, te rodeas sólo con mujeres pobres comúnmente a las mujeres pobres se les hace más fácil tener amigas con los mismos hábitos de pobreza, ya que de esa manera se sienten aceptadas y no se percatan que cada día adoptan más costumbres de pobreza incluso muchos más nocivas de lo que ellas mismas tienen. No quiero decir que elimines de tu lista a todas tus amigas, pero si, se más selectiva.

Igualarte con otras mujeres de éxito sin hacer cambios de inversión en ti

Tratar de igualarte con las demás sin hacer cambios positivos primordialmente en nuestro desarrollo personal. La relación con el punto anterior es muy notorio debido a que si nos rodeamos de personas más pudientes que nosotros de alguna manera trataremos de igualar su posición no está mal cuando lo hagamos trabajando invirtiendo o ahorrando y copiando todas esas costumbres de éxito de las buenas amigas, pero gastar en cosas que solo te ayudarán a aparentar a alguien que no eres te llevarán a la quiebra solo debes actuar de manera inteligente y cuidar muy bien tu dinero.

Consumir información dañina

Actualmente en casi todos los medios de comunicación vas a encontrar información que pudre tu cerebro, tales como chismes, peleas de farándula realetes y noticias exageradas que muy aparte de hacernos perder nuestro tiempo afecta de manera directa de negatividad e injusticia, cosas que no nos van a ayudar a salir de la pobreza. Recuerda que todo lo que tienes en tu mente muchas veces se plasma en tu realidad, así que asegúrate de consumir información que te ayude a salir adelante. Es necesario distinguirse del rebaño y no hacer lo que hace la mujer común. Por el contrario, tienes que seguir a las mujeres con mucho éxito que han realizado cosas diferentes y ahora gozan de sus logros.

Postergar

Si eres de las mujeres que casi siempre dejan las cosas a medias o dejas las cosas para después. Cuántas veces hemos postergado una acción usando frases como más tarde lo hago, después lo haré, cuando tenga tiempo, empiezo así que si vas a hacer algo para cambiar tu vida empieza ya y no dejes las cosas para después.

Miedo a fracasar

Evadir el fracaso es algo muy importante en el crecimiento de la mujer, sin embargo la mayoría lo evita. En su vida normalmente desde pequeñas nos enseñan a no fracasar, nos dicen que mientras más perfectas seamos mejores notas sacaremos, más oportunidades tendremos y consecuentemente más éxito llegará a nuestra vida pero no nos dicen que mientras más fracaso tengamos más aprendemos. Es por eso que nunca debes evitar el fracaso sino al contrario debes aprender de él para no volverlo a cometer, así que entiende que fracasar es parte del camino al éxito. Es por eso que cada vez que fracases tienes que levantarte sacudirte y seguir intentándolo, solo de esta manera podrás avanzar a dónde quieres llegar.

Estar en tu zona cómoda

Estancarse en la zona de confort es una mentalidad pobre porque se le tiene terror al cambio. Siempre estar en tu zona de confort sin ningún cambio significativo, tu vida estará estancada haciendo lo mismo todos los días con un trabajo seguro que solo juntas para sobrevivir diariamente. Si verdaderamente quieres obtener resultados grandiosos en tu vida es muy necesario hacer cosas diferentes y no estancarse en zonas cómodas. Por ejemplo: atrévete a emprender ese negocio que tanto quieres realizar, ese deporte que te apasiona todos los días y muchas cosas más que favorezcan a tu desarrollo.

Cuida tu salud

Descuidar tu salud seguramente te preguntarás qué tiene que ver las finanzas con mi salud. Pues tiene mucho que ver solo imagínate que estuvieras enferma, no podrías hacer nada incluso cuando uno se enferma implica gastar mucho dinero y tus ánimos estarán por los suelos. Te sentirás sin energía incluso tus pensamientos estarán llenos de preocupaciones así que cuida tu salud ya sea con tu alimentación, ejercicio y todas esas cosas que te harán sentir mejor en el presente y en el futuro.

Oponerte a los cambios

oponerte a los cambios, muchas mujeres se oponen a los cambios y se acostumbran a la vida precaria que llevan. Es por eso que siempre se mantienen ahí con miedo a cambiar y sin lograr salir de la pobreza. Tienes que entender que el mundo es un constante cambio y si no nos adaptamos a él, el mundo nos comerá vivas. Por ejemplo: si eres una de las mujeres que no sabe manejar algún aparato tecnológico como una computadora o un celular pues empieza ahora mismo dile a alguien que te enseñe o te asesore y sácale provecho para hacer cosas que te ayuden a crecer financieramente ya que hoy en día muchas mujeres hacen mucho dinero con la tecnología y no solo aplica de este modo, ya que el cambio lo puedes hacer en cualquier otro aspecto de tu vida.

Capitulo # 8 Lo que te detiene a emprender

El primer paso, que vas a dar es esto, para empezar a emprender, mírate fijamente a los ojos y di me abro hacer un cambio total en mi vida, dilo tres veces con fe y toda convicción y luego observa cómo te sentiste, pero hazlo con fe, hazlo creyendo que te abres, que te abres al cambio, que te abres a la transformación. Muchas de las veces es lo que nosotras necesitamos en nuestra vida, abrirnos a la transformación. Porque muchas de las veces cuando nosotras nos rige el miedo estamos encerradas en el pasado, en el miedo, en el temor, en la vergüenza, en la culpa, en el odio y todo eso te tiene cerrada al cambio y a la transformación así que has y repite este ejercicio.

Una vez tomas la decisión de emprender inmediatamente van a venir a ti infinidad de dudas y temores que te bloquean, impidiéndote dar el primer paso. Para comenzar debes entender que es completamente normal sentirte así. Siempre que vas a realizar algo que es importante para ti va ser inevitable sentir miedo incertidumbre y ansiedad, es un reto debes superarte a ti misma y estar dispuesta a enfrentar tus más grandes temores. A continuación, te explico cuáles son los principales miedos que te pueden atormentar cuando empiezas tu emprendimiento. Identifica cuáles de esos miedos te tienen bloqueada y comienza a trabajar en ellos, empieza a superarlos alguno de estos miedos puede ser probable que al iniciar tu negocio debas renunciar a muchas cosas como es la comodidad, tiempo libre, un empleo con salario fijo, etcétera.

De una vez te digo que para emprender tienes que salir de tu zona de confort, ya que por tu cabeza cada vez que pienses la idea de empezar un negocio escucharás una voz diciéndote que mejor te quedes quieta, porque así estás bien y si te arriesgas podrías perder las cosas buenas que ya tienes. El emprendimiento es un camino lleno de incertidumbre en el que nada es seguro, pero todo es posible es tu decisión si quieres lograr cosas increíbles

Miedo al qué dirán

Emprender significa luchar por ideas y sueños que probablemente solo nosotras mismas entendemos. En tu camino encontrarás personas expertas en criticar, que incluso llegan a burlarse de lo que estás haciendo, te llamarán loca y te animarán a dejar de lado tus ideas para que mejor consigas un empleo seguro con salario fijo. De una vez te digo que debes estar preparada para recibir toda clase de críticas y mantener firmes tus ideales debes tomar las críticas constructivas para mejorar y evitar que las críticas destructivas acaben con tus ganas de luchar y seguir adelante.

Miedo al compromiso

Al momento de crear tu emprendimiento a empezar tu empresa adquieres responsabilidades y obligaciones comerciales tributarias laborales financieras y penales. Los grandes objetivos requieren de grandes sacrificios y de grandes compromisos, cuanto más grande sean tus logros mayores será tu responsabilidad. No importa, si aprendes solo o con socios y colaboradores que se encarguen de llevar las cuentas y realizar los trámites administrativos al final tú como dueña tienes la responsabilidad de garantizar que tu negocio cumpla con las diferentes leyes empresariales.

Miedo a perder dinero

Este miedo es especialmente común cuando se quiere emprender por necesidad y no por oportunidad. Cuando desde el principio el dinero se convierte en una obsesión puedes perder fácilmente el enfoque de lo que estás haciendo, si lo que quieres es dinero fácil rápido seguro y sin invertir probablemente crear una empresa no sea la mejor opción para ti. Construir una empresa rentable, sostenible y escalable puede tomar años de esfuerzo, disciplina, inversión no existe un solo modelo de negocios en el que puedan garantizar resultados inmediatos y seguros. Entonces lo mejor es que evalúes las oportunidades que se te presentan y determines si estás dispuesta a correr el riesgo que cada negocio conlleva.

Miedo a fracasar

Mucha de las veces tenemos miedo al fracaso y por eso no emprendemos porque fracasar en nuestra cultura solemos creer que el fracaso es motivo de vergüenza y de burla. Por eso preferimos jugar a lo seguro antes que exponer nuestra dignidad, pero la realidad es que la única manera de no equivocarse es no hacer nada. El camino del emprendimiento está lleno de piedras con las que tropezarás antes de lograr cualquier objetivo importante. Deberás caer, sacudirte, sonreír y seguir sino jamás lo lograrás si te rindes ante el primer obstáculo.

Miedo a ganar

Es curioso pero la gran mayoría de las mujeres están más preparadas para perder que para ganar. Desde el momento en que inician un negocio ya están pensando en qué van a hacer si el negocio fracasa, emprenden diciendo cosas como vamos a ver cómo nos va, voy a tratar etcétera. Nos enseñaron desde pequeñas que la ambición es mala y que lo que es para uno tarde o temprano llegará. Crecimos teniendo miedo a ganar, crecimos creyendo que en una carrera lo importante es participar, tener mentalidad de ganadora significa siempre ir en busca del primer lugar y dar el 120% de nuestro esfuerzo. Para lograr el éxito exige disciplina, preparación, determinación y estar dispuestas a superarnos a nosotras mismas cada día.

Miedo a defraudar

Miedo a defraudar a los demás cuando somos inseguras. Solemos creer que no somos lo suficientemente buenas, que nuestro producto no está listo y si nos lanzamos al mercado terminaremos defraudando a los clientes, socios, inversores, familia y amigos en lugar de limitarte trabaja en ti en tu producto para mejorar si esperas a estar completamente lista jamás empezarás porque siempre sentirás que te faltará algo construye un producto mínimo viable e interactúa con clientes potenciales para que sean ellos mismos quienes te digan cómo mejorar tu producto y tu negocio.

Miedo a relacionarnos

De pequeñas, nos enseñaron que no se debe hablar con extraños. Pero en los negocios tendrás que hacer a un lado esta creencia y estar dispuesta a relacionarte con otras y otros empresarios, clientes, inversionistas etcétera. El Mercadeo en red es una herramienta esencial para toda emprendedora. Los negocios no tratan de dinero, sino de personas algunas emprendedoras son tímidas y aseguran ser mejores trabajando solas pero sin importar cuán buena seas siempre podrás potenciar tus habilidades y talentos asociándose con las personas correctas.

Miedo a no saber qué hacer

El solo pensar en iniciar un negocio en nuestra mente pasan infinidad de dudas cerca de las mil cosas que debemos hacer. Contratar personal, pagar impuestos, vender, negociar etc. Es cierto que para ser empresaria exitosa debes desarrollar diferentes habilidades y conocimientos, pero precisamente esa es una de las razones más importantes para animarte a emprender porque es una oportunidad para cada día aprender algo nuevo y crecer como persona.

Miedo a vender

Si quieres ser una emprendedora exitosa debes aprender a vender, debes vender tus ideas, vender la visión de tu empresa a todas las personas que trabajan contigo, vender servicios, etcétera. El mundo está lleno de mujeres con muy buenas ideas pero que jamás logran hacerlas realidad porque no saben cómo venderlas, saber vender significa saber escuchar, entender a nuestros clientes, saber comunicar y enfocarnos en servir a los demás. Te voy a compartir algunas claves. Si decides emprender y te da miedo empezar a emprender como pudiste ver incluso algunos de los miedos mencionados tiene su origen desde nuestra infancia por lo tanto es todo un reto.

Capitulo #9 Algunas claves para superar tus miedos

Estas son algunas claves que te ayudarán a enfrentar tus miedos y evitar que se conviertan en un impedimento para lograr tu objetivo de ser empresaria.

Evalúa: Evalúa el riesgo, cuanto mayor es la incertidumbre mayor es el miedo. Si te sientas analizar con números alguna oportunidad de negocios, tendrás un panorama más claro de lo que estás haciendo y podrás tomar decisiones fundamentales.

Infórmate: Si te informas y te capacitas constantemente crecerás más como persona y como profesional y más segura estarás de ti misma y menores serán tus miedos.

Planea: Si investigas y haces proyecciones acerca del negocio que vas a emprender ten cuidado porque demasiado análisis produce parálisis.

Apasiónate: Deja que tus pasiones sean más grandes que tus miedos. Inician un negocio que te apasione tanto como para estar dispuesta a correr los riesgos que sean necesarios.

Actúa: De la mejor manera de afrontar cualquier miedo es con acción. Comienza dando pequeños pasos y poco a poco tomarás la seguridad necesaria para continuar hasta lograr tus sueños. Si desde el principio, te bloqueas pensando en todo lo que debes hacer para construir un negocio jamás vas a empezar. Entonces mejor convierte tus objetivos en acciones diarias que puedas empezar a realizar desde hoy mismo.

Todas tenemos diferentes definiciones de éxito como te lo he venido diciendo en este libro, pero independientemente de lo que signifique el éxito para ti existen ciertos hábitos que te comparto si quieres tener éxito en tu emprendimiento que te ayudarán alcanzar tus sueños y metas tanto en tu vida personal como profesional que tú también puedes comenzar con estos hábitos ahora mismo así que vamos a empezar.

Capitulo # 10   15 hábitos de una mujer de éxito

1.- Desafíate a ti misma, una mujer exitosa no se instala en la monotonía del día a día. Esfuérzate en obtener más información en cada área de tu vida, ya sea física o mentalmente y constantemente esfuérzate por alcanzar nuevas metas acepta los desafíos con confianza sigue con valentía poniendo cada vez la meta más alta.

2.- Edúcate a ti misma, la mujer exitosa debe de saber que el conocimiento es poder. Esto no solo significa el conocimiento que obtienes de las escuelas sino también el conocimiento de la vida real. La mujer que tiene éxito se toma su tiempo para invertir en ella para aprender sobre desarrollo personal, profesional, espiritual, financiera etc. Pasa tu mayor tiempo libre aprendiendo para lograr tus sueños.

3.- Tu como mujer de éxito toma la iniciativa, la frase "no puedo" que no sea parte de tu vocabulario porque cuando quieres tener éxito hay ocasiones que no sabemos exactamente lo que estamos haciendo, pero si tomas la iniciativa y haces que las cosas sucedan porque eres capaz de resolver y buscar soluciones a los problemas eso es una emprendedora. Siempre se la primera en moverse si surge una oportunidad prometedora.

4.- Fíjate metas y haz todo lo posible para alcanzarlas la mujer que quiere tener éxito hace todo lo posible para lograr sus metas sin importar cuán grandes o pequeñas sean. Por supuesto empieza con metas pequeñas primero y una vez que las has cumplido aborda las metas más grandes. El establecimiento de metas es importante en la vida de cualquier mujer porque da un sentido de dirección y propósito. Una vez que alcanzas tus metas como mujer exitosa dedica tiempo también para celebrarlo porque trabajaste duro para convertir tus sueños en realidad.

5.- Que te encante el proceso más que el resultado, aunque el éxito se basa en gran medida en los resultados. Una mujer exitosa ama más el proceso porque es lo que le permite florecer y crecer. Además, cuál es la diversión de obtener resultados si no te encanta el viaje, el viaje es el proceso que le da motivación y propósito al trabajo, abarca los momentos de aprendizaje lo bueno o lo malo y el cambio que nos moldea en lo que queremos ser. El proceso ayuda a una mujer exitosa a evolucionar hacia una mejor versión.

6.- Una mujer exitosa se mantiene organizada, para mantenerte organizada anota las tareas del día a día es esencial para que una mujer tenga éxito. La mujer exitosa mantiene un ambiente ordenado estar en un espacio limpio tiene un gran efecto en su salud mental por eso has las tareas diarias para asegurarte de que tu hogar u oficina estén siempre bien cuidados de esa manera tendrás más tiempo para concentrarte en tus tareas más importantes durante el día.

7.- Ten un sistema de apoyo incluso las mujeres más fuertes pueden sentirse abrumadas por la vida. A veces equilibrar todas las responsabilidades y tareas puede tener un efecto negativo en la salud mental de una mujer. Sin embargo, las mujeres exitosas permanecen conectadas con la familia y las amistades que se preocupan por ellas y que pueden ayudarlas a manejar ese estrés.

8.- Ten una rutina la mujer exitosa se asegura de mantener el trabajo separado del tiempo. En otras palabras, fíjate horas durante el día en las que trabajes y una vez que termines, date el tiempo para hacer otras cosas que son importantes para ti. Tú sabes exactamente cuándo irás al gimnasio o de compras o te reunirás con tus amigas, tener un horario es un factor importante en el éxito porque te dará un plano de cómo será tu día en el futuro lo cual te ayudará a cumplir con tus metas.

9.- Dedica tiempo para ti misma incluso los adictos al trabajo necesitan tiempo para desconectar y relajarse. Por lo tanto, tu como mujer exitosa asegúrate de anotar el tiempo para ti misma en tu agenda ya sea que lo apartes para hacer yoga, meditación, siempre haz del amor propio y el cuidado personal una prioridad.

10.- La mujer exitosa prueba cosas nuevas incluso si esto significa ir a un nuevo lugar para almorzar o tomar una nueva ruta al trabajo. La mujer que logra sus metas le gusta mover las cosas y mantener la vida interesante de alguna manera sabe que la variedad es la esencia de la vida, así que una vez que las cosas empiezan a sentirse mundanas tómalo como una señal para pensar un poco más allá de tu zona de confort.

11.- La mujer exitosa se comunica claramente. La comunicación es una habilidad importante que te llevará lejos sin importar en qué dirección vayas en la vida una mujer de éxito se comunica con claridad y no tiene miedo de articular sus ideas, habla con confianza y no deja que las opiniones de los demás la agobien. La comunicación eficaz es un componente clave del éxito y una mujer exitosa no solo lo sabe, sino que lo pone en práctica.

12.- No te compares con las demás, en lugar de verlas como competencia te recomiendo que las veas como posibles amigas y socias de negocios como sus iguales y se quedan en su propio carril usando el pensamiento positivo como una herramienta clave para mantener su autoestima alta.

13.- No tengas miedo al fracaso una mujer exitosa no deja que el miedo al fracaso le impida alcanzar sus metas. Ni siquiera permite que los pensamientos de dudar de sí misma pasen por su mente, una mujer exitosa persigue lo que es y es consiente de los riesgos frente a las recompensas toma una decisión y avanza con confianza.

14.- Ayuda a las demás y comparte la bondad. Las mujeres más prósperas saben que cuando animan a todas las demás todo el equipo gana en lugar de una sola. La mujer exitosa sabe que para salir adelante en la vida necesita que otras mujeres la ayuden por lo tanto extiende una mano de ayuda a otras, tanto como sea posible porque esas mismas mujeres podrían simplemente devolverte el favor algún día.

15.- La mujer exitosa sonríe incluso en los malos tiempos, no todos los días serán buenos, pero eso no significa que no puedas encontrar el lado positivo de la confusión. La mujer exitosa hace todo lo posible para mantener una actitud positiva porque una mentalidad sana es la clave para lograr sus objetivos.

Capitulo # 11 Como emprender

Estos consejos son muy importantes, ¿Que necesitas saber si ya tomaste la decisión de emprender?

1.- ¿En dónde te ves dentro de 10 años? El emprendimiento que tú decidas realizar hoy tiene que ser uno que se adecue a tus sueños y a tu propósito de vida. Yo te quiero decir que escojas aquel emprendimiento en donde tú te puedas ver en 10 años haciendo exactamente lo mismo, que estás eligiendo el día de hoy, que puedas pasar todo el día, que tú estés platicando de este tema que realmente te apasione y que se convierte en un propósito de vida para ti. Emprender no es un camino fácil y si lo haces en algo que no te llena va a ser aún más complicado llevarlo a buen término y al éxito.

2.- Ten las metas claras, ¿Qué es lo que estás buscando tú con este emprendimiento? ¿Estás buscando cumplir con un servicio para ayudar a cumplir la necesidad de alguien? o ¿Estás ayudando a transformar la vida de alguien? ¿Es solamente una meta económica para ganar dinero? ¿Cuál es tu meta? eso tiene que ser también muy claro para mantenerte focalizada y para llevar las directrices de lo que va a ser tu negocio y que tu equipo comprenda también hacia dónde es que vas tú, porque tú eres la líder, porque las demás te van a seguir a ti así es que es muy importante que tú tengas la meta clara con ese emprendimiento.

3.- Levanta tu voz sobre tu proyecto platícalo, compártelo, cuéntale a los demás de qué se trata y por qué lo estás haciendo. ¿Qué es lo que te mueve? ¿Qué es lo que buscas hacer con eso? ¿Cómo piensas generar una diferencia en el mundo? ¿Cómo piensas impactar la vida de más mujeres? Tú nunca sabes, una vez que tú estás platicando si esa plática va a llegar a la persona precisamente que te va a poder abrir las puertas, que te va a generar posiblemente un contrato o que te va a conectar con alguien importante. No seas tímida platica y levanta la voz sobre tu proyecto.

4.- Es muy importante que generes comunidad con tus clientes, proveedores, empleados y alumnos. Hazlos sentir que forman parte de una comunidad, que es más grande con la suma de cada uno de ellos precisamente porque forman una comunidad cada persona cuenta y es importante para tu emprendimiento.

5.- Valora tu trabajo cobra de acuerdo con tus talentos, cobra de acuerdo a tus costos fijos. Es importante que seas amiga de los números, que hagas tus corridas financieras, que hagas tus presupuestos, que valores tu trabajo y que hagas que los demás valoren y aprecien tu trabajo también. Recuerda que a veces un trabajo mal cotizado genera desconfianza porque las personas piensan que si estás cobrando un precio que no es el justo puede ser que la calidad de tu trabajo no sea la que ellos estén buscando, así es que valora tu trabajo.

6.- Cada conversación cuenta, quizá es bueno que de pronto ofrezcas algún servicio gratuito. Ojo no tiene que ver con regalar tu trabajo y que no valores tu trabajo sino a lo mejor una charla gratuita una plática en un foro grande te puede abrir las puertas de ciertos proyectos o te puedes dar a conocer con clientes que pueden llegarse a convertir en clientes potenciales para ti. Recuerda que para sacar de una caja fuerte, primero debiste de meter algo a esa caja y en la medida en la que tú entregues información y conocimiento a las personas entonces podrán acercarse a ti y cada conversación que tú des, cada conversación que tú tengas te pueda traer clientes de esos contactos que pueden ser muy buenos para ti y para tu negocio.

7.- Respeta tu horario a veces cuando somos empresarias y más si trabajamos desde nuestra casa en vez de trabajar 8 o 9 horas llegamos a trabajar 12, 13 ,14 horas. Incluso en perjuicio de las personas que más amamos y eso es una paradoja porque hacemos ese gran esfuerzo precisamente para también tener una mejor calidad de vida con nuestros seres amados. Pero cuando trabajamos tantas horas les estas quitando lo más importante que es tu presencia, nada va a ser más importante que tu tiempo. Es importante que les hagas saber a las personas que amas que sepan que tu tiempo es muy valioso y que compartirlo con ellos es fundamental.

Estos siete consejos son para ti, yo los aplico rigurosamente dentro de todos mis emprendimientos, así es que espero que te sirvan, si es así comparte y plática con más mujeres que estás leyendo un libro con pasos, hábitos y herramientas que les van a llevar su emprendimiento a un nivel más alto y al éxito rotundo.

Capitulo # 12 Conviértete en una mujer exitosa

Antes de empezar a escribir este libro me pregunte a mí misma, ¿Realmente que te mueve Inés? ¿Qué te mueve? ¿Qué te encanta? ¿Qué te apasiona? ¿Qué te hace sentir viva? y obviamente hice mi lista, esto si, esto no y entre esa lista entendí que amo ayudar y motivar a la mujer. A ti que estas leyendo mi libro, esa es mi misión quiero que con mi testimonio puedas encontrar las herramientas para que tú logres ser la mujer de tus sueños pero quiero que sepas que en el proceso te vas a caer pero es importante que aprendas a levantarte, ojo con lo que acabo de decir a levantarte, que aprendas a levantarte a ti misma porque en la vida nos vamos a caer muchas veces y vamos a empezar a tomar acción y va a llegar el momento donde vas a decir a dónde he llegado y posiblemente te digas no me gusta entonces tendrás la oportunidad de volver a decidir. Porque a veces somos duras con nosotros mismas.

Mujer enséñate a tomar decisiones firmes, porque las decisiones que tomaste hace un año o años atrás crearon tu realidad de hoy las decisiones que tomes hoy creerán tu realidad o la vida que deseas para que empieces a decidir de una forma diferente porque a veces dejamos de ser nosotras mismas por sacrificarnos por otras personas y te sacrificas y callas lo que te hace feliz, lo que te hace sentir viva, por el qué dirán porque llegamos a un momento en la vida donde nos damos cuenta que eso que dijimos hace dos años. Por ejemplo: que sería nuestra vida perfecta y no es la vida perfecta que esperábamos entonces llega un momento donde te dices cuando compre mi casa voy a ser feliz, voy a ser feliz cuando tenga mi negocio, voy a ser feliz cuando mi esposo cambie, voy a ser feliz cuando tenga el dinero, voy a ser feliz cuando deje de ser empleada.

Para convertirte en una mujer exitosa tienes que lograr metas en el siguiente capitulo te comparto como puedes lograr metas y como valorar tu tiempo para ser la mujer exitosa.

Capitulo #13 Pasos para valorar tu tiempo

Me alegra que estés aquí ocupando tu tiempo para leer este libro donde estás aprendiendo cómo lograr cualquier cosa que te propongas. Mi objetivo es que apliques las claves o pasos que te doy que son muy importantes y te ayudarán a alcanzar tus metas y objetivos. Te proporcionarán la motivación necesaria para seguir adelante en el camino hacia el éxito cualquiera que sea tu meta, sé que las puedes alcanzar si estas dispuesta a trabajar duro y mantenerte enfocada hasta llegar al éxito.

Nuestro mundo exterior siempre será un reflejo de nuestro mundo interior. Nuestro éxito irá siempre en paralelo a nuestro desarrollo personal. Difícilmente alcanzaremos el éxito si no dedicamos tiempo cada día a convertirnos en la mujer que tenemos que ser para conseguir la vida que queremos y el primer desafío es encontrar tiempo. Cuando decidí ponerle la solución a todos mis problemas era comprometerme hacer de mi desarrollo personal una prioridad en mi vida diaria, esta era la pieza que faltaba para permitir que me convirtiera en la persona que necesitaba ser para traer, crear y mantener un mundo consistente en mi éxito que quería, así de simple.

Sin embargo, mi mayor desafío fue el mismo que el de todo el mundo encontrar tiempo, estaba tan ocupada intentando sobrevivir a mi vida y pagar facturas que la idea de encontrar tiempo extra para mi desarrollo personal parecía casi imposible. Quizás te sientas identificada por un lado, todas queremos ser felices pero muy sencillo estamos demasiado ocupadas haciendo que hacemos y no hacemos nada.

En este libro te voy a empezar a compartir los primeros pasos que tuve que hacer para organizar mejor mi tiempo empezando mi mañana con rutinas poderosas:

1.- Márcate propósitos antes de acostarte

Este es el paso más importante acuérdate de que lo primero que piensas por la mañana es lo último que pensaste antes de acostarte. Así que cada noche antes de acostarte encárgate de crear una verdadera motivación para la mañana siguiente.

2.- Pon el despertador al otro lado de tu recámara

¿Por qué debes de poner tu despertador al otro lado de tu recámara? acuérdate que el movimiento crea energía

3.- Lávate los dientes

Siempre después de lavarte los dientes utiliza un enjuague bucal recuerda que es anti-bacterias y empieza a eliminar las bacterias en la boca

4.- Toma un vaso de agua

Hidrátate cuanto antes, ya que el agua mete oxígeno a tus células

5.- Ponte ropa de deporte

Este paso es súper importante ya que el ejercicio activa los neurotransmisores de la felicidad y así tendrás un día más productivo lleno de felicidad y energía. Hacer ejercicio físico por la mañana debería ser una pieza clave de tus rituales diarios al practicar ejercicio, aunque sea solo durante unos minutos cada mañana estimula de manera significativa, la energía mejora tu salud, gana seguridad en ti misma y bienestar emocional, puedes pensar mejor y concentrarte durante más rato.

Si estás demasiado ocupada para hacer ejercicio, es lo que dicen muchas mujeres, pero cada mañana tienes que aumentar tu frecuencia cardíaca estimular la circulación sanguínea y llenar los pulmones de oxígeno no te conformes con hacer ejercicio al final del día o a medio día o incluso si te gusta hacer ejercicio en esos momentos del día incorpora siempre una rutina de al menos 10 o 20 minutos de ejercicio por la mañana.

Los beneficios de practicar ejercicio por la mañana son demasiados como para ignorarlos desde despertarte y mejorar tu claridad mental hasta ayudarte a mantener altos niveles de energía a lo largo del día. Hacer ejercicio justo después de levantarte puede mejorar tu vida en muchos aspectos tanto si sales a caminar o vas al gimnasio o a correr. En mi opinión si solo pudieras practicar un tipo de ejercicio durante el resto de tu vida te ayudaría muchísimo. El ejercicio cardiovascular y respiración consciente y hasta puede ser una forma de meditación.

Observaciones acerca de la práctica de ejercicio

Ya sabes que para gozar de buena salud y tener más energía tienes que hacer ejercicio físico con regularidad, esto no le viene de nuevo a nadie. Es demasiado fácil buscar excusas para justificar por qué no practicamos ejercicio, las dos excusas principales son no tengo tiempo o estoy cansada. Las excusas que se te vienen a ocurrir son ilimitadas cuanto más creativa seas más excusas puedes inventarte si empiezas a implementar el hábito de ejercicio en las mañanas antes que el día te agote, antes de estar cansada, antes de tener un día entero para inventar nuevas excusas para no hacer ejercicio evita esas excusas y convierte el deporte en un hábito diario.

Te voy a compartir unas de mis rutinas de mañana que en tan solo 60 minutos de mi día empezaron a impactar de manera positiva en mi vida

1. 5 minutos de silencio

2. 5 minutos de afirmaciones

3. 20 minutos de lectura

4. 5 minutos de visualización

5. 5 minutos de anotaciones

6. 20 minutos de deporte

tiempo total 60 minutos

Todo es difícil antes de ser fácil cada experiencia nueva es incómoda antes de volverse cómoda. Cuanto más practiques esta rutina más natural y normal te sentirás con cada una de las rutinas. Recuerdo que la primera vez que medité fue casi la última ya que la mente me iba disparada como un Ferrari y los pensamientos rebotaban de un lado a otro sin control. Ahora me encanta meditar y aunque no soy ninguna experta diría que lo hago excelente, pero estoy avanzando del mismo modo. La primera vez que practiqué yoga me sentí como un pez fuera del agua, no era flexible, era incapaz de hacer las posturas correctamente y me sentía incómoda y torpe ahora el yoga es una de mis formas preferidas de ejercicio y agradezco mucho no haber desistido. Te invito a empezar a practicar algún deporte para que eso te ayude a arrancar con el reto de transformar tu vida, si es posible en 30 días. Ahora tienes que empezar a encontrar tiempo, no te preocupes el tiempo saldrá.

Tienes que empezar a trabajar con una agenda para que así organices mejor tu día recuerda que una mujer de éxito, una mujer emprendedora no puede trabajar sin una agenda diariamente. Si crees, no tener 60 minutos de tu tiempo para invertirlos en ti yo creo que sí tienes 6 minutos por lo menos para empezar tienes que ser flexible porque hasta la persona más ocupada tiene 6 minutos para ponerlos en práctica tan solo 6 minutos para aquellos días en los que estás extremadamente ocupada.

El tiempo te premiara, así como también para aquellas mujeres que están tan abrumadas con su situación actual que se estresan con solo pensar de añadir una cosa más yo creo que sí estás de acuerdo en invertir un mínimo de 6 minutos para convertirte en la mujer que necesitas ser para crear los niveles de éxito y la felicidad que realmente quieres en la vida no solo es sensato sino que debería ser casi una obligación incluso cuando el tiempo apremia. Creo que te llevarás una agradable sorpresa en los próximos minutos cuando leas y te des cuenta de lo poderoso que pueden ser estos 6 minutos y cuánto te pueden cambiar la vida imagina que los seis primeros minutos de cada mañana empezarán así:

Minuto 1

Despierta con un gran bostezo un estiramiento y una sonrisa en la cara en vez de empezar tu día estresada corriendo sin pensar estresada y abrumada. Mejor pásate el primer minuto sentada tranquila y en silencio te sientas muy calmada tranquila y respiras profundamente, lentamente puede que hagas una plegaria para dar gracias por ese momento o que reces para tener una orientación en el camino, a lo mejor decides probar tu primer minuto de meditación sentada en silencio, estás totalmente presente en el ahora en el momento, calma tu mente, relaja tu cuerpo y deja que el estrés se evapore, desarrollarás una sensación de paz propósito y dirección mucho más profunda.

Minuto 2

Saca tus afirmaciones diarias las que te recuerdan tu potencial ilimitado y tus prioridades más importantes y las lees en voz alta de principio a fin. Al centrarte en lo que es más importante para ti aumenta tu nivel de motivación interna y leer recordatorios de lo capaz que eres. En realidad, te da seguridad tener una visión de aquello a lo que te comprometes de tu propósito y de cuáles son tus objetivos, te tonifica para llevar a cabo las acciones necesarias para vivir la vida que realmente quieres, que te mereces y que ahora sabes que tienes a tu alcance.

Minuto 3

Cierra los ojos o bien mira tú tablero de visión y visualiza tu visualización podría incluir cómo será todo. Visualiza el día que te está yendo perfecto te ves disfrutando del trabajo sonriendo y riendo con tu familia o tu pareja y consiguiendo con facilidad todo lo que quieras lograr. Durante el día ves cómo te sientes y experimentas la alegría de lo que crearás.

Minuto 4

Dedica un minuto a notar algunas de las cosas por las que estás agradecida, de lo que te sientes orgullosa, así como lo que te comprometes a lograr durante el día al hacerlo crearás un estado mental de fuerza inspiración y confianza en ti misma.

Minuto 5

Agarra un libro de autoayuda e invierte un minuto milagroso en leer una página o dos. Aprendes una nueva idea, algo que puedas incorporar a tu día y que mejorará tus resultados, el trabajo o en tus relaciones, descubre algo nuevo que puedes utilizar para pensar y sentirte mejor para vivir mejor.

Minuto 6

Finalmente, te levantas y te pasas el último minuto moviendo el cuerpo durante 60 segundos puedes correr estáticamente o puedes hacer un minuto de saltos de tijera a lo mejor haces flexiones o abdominales. El objetivo es que aumentes tu frecuencia cardíaca generando así energía incrementando tu habilidad de estar alerta y concentrada. ¿Qué te parecería utilizar así los seis primeros minutos de cada día? cuánto mejoraría la calidad de tu vida, de tu día, no te recomiendo que limites tus mañanas a solo 6 minutos al día, pero como ya he dicho en aquellos días en los que el tiempo apremia, en 6 minutos te proporciona una poderosa estrategia para acelerar tu desarrollo personal.

Hasta ahora me he concentrado básicamente en el modelo para acelerar tu desarrollo personal durante las mañanas. Sin embargo, todo empieza desde la hora que te levantas hasta la duración total del día, en todas las actividades que haces, así como también la duración y el orden de cada actividad no tienes límite a la hora de encajar con tu estilo de vida y ayudarte a alcanzar tus objetivos prioritarios rápidamente después de levantarte y aplicar esta rutina ahora viene la hora de empezar el día.

Esto es para las mujeres que trabajan en el turno de día, es por ello que tienen ventajas en el hecho de levantarse temprano y empezar el día de forma proactiva. Sin embargo, para algunas mujeres su horario no se lo permite, resulta que algunas mujeres trabajan en el turno de la noche e incluso las que trabajan hasta tarde se despertarán una hora diferente a que alguien que se va a la cama a las 9 cada noche teniendo en cuenta que hay mujeres con diferentes horarios la esencia sigue siendo que te levantes más temprano de lo que lo harías de costumbre normalmente entre 30 y 60 minutos para que puedas dedicar tiempo cada día a mejorarte para poder así transformar tu vida.

Qué comer y a qué hora por la mañana

Hasta ahora puede que te estés preguntando ¿Hasta qué hora voy a comer? ¿A qué hora voy a desayunar? si mi mañana la tengo ocupada, ahora te lo explico aparte de cuándo comer y qué eliges comer y por qué eliges comer lo que comes puede que sea lo más importante de todo.

Cuando comer

Recuerda que digerir comidas es uno de los procesos en los que nuestro cuerpo consume más energía. A lo largo del día cuando más pesada sea la comida más trabajo le das al cuerpo para que digiera más alimentos, ahora que ya sabes esto te voy a recomendar lo que debes comer después de tu rutina de mañana y te aseguro que para un estado de alerta y concentración óptimo.

Durante las primeras horas del día tu sangre circulará hacia el cerebro en vez de hacia el estómago para digerir la comida si sientes que tienes que comer algo, nada más asegúrate de que sea algo pequeño ligero y fácil de digerir como una pieza de fruta fresca o un batido de excelente proteína.

Por qué comer

Detente un momento para que analices muy bien por qué comemos lo que comemos cuando estás en el súper comprando o eligiendo la comida en el menú de un restaurante. ¿Qué criterio utilizas para determinar qué comida llevas a tu cuerpo? tus opciones se basan puramente en el gusto en la textura en la comodidad o te basas en la salud, en la energía, en las restricciones de tu dieta.

La mayoría de las mujeres elige lo que come basándose generalmente en el gusto y en un nivel más profundo, en nuestro apego emocional a la comida que nos gusta. Si le preguntaras a alguien ¿Porque te has comido ese helado? o ¿Por qué te has bebido ese refresco? o ¿Por qué te has comprado ese pollo frito en el súper? lo más probable es que tus respuestas sean estas porque me encanta el helado, me gusta beber refresco o me apetecía el pollo frito.

Todas las respuestas basadas en el disfrute emocional derivan principalmente del sabor de esos productos cada quien tiene sus motivos a la hora de elegir la comida en relación con el valor que estos alimentos aportan a tu salud o cuánta energía aportan y acumulan a largo plazo.

Con esto quiero llegar a lo siguiente, si quieres tener más energía, cosa que todas queremos, mantener una vida saludable y sin enfermedades es de vital importancia que revalores por qué comes lo que comes esto es importante que empieces a valorar los beneficios para tu salud y las consecuencias en cuanto a la energía de la comida que comes es solamente por el sabor y no por los nutrientes que aportan a tu cuerpo te estarás preguntando y que tiene que ver esto con lo que como no estoy diciendo de ninguna manera que deberíamos comer alimentos que no tengan buen sabor sino los beneficios que tengan en nuestra salud y energía. Estoy diciendo que si queremos vivir cada día con mucha energía para poder rendir lo mejor posible y vivir una vida larga y saludable tenemos que decidirnos a comer más alimentos que sean buenos para nuestra salud y que nos den energía a largo plazo además de ser sabrosos.

Qué comer

Antes de hablar de qué comer, hablemos un momento de que beber. Te acuerdas que en el paso número 4 de la estrategia en cinco pasos para despertarse en la mañana era beber un vaso entero de agua para rehidratarte y vigorizarte. Después de una noche entera durmiendo yo suelo empezar mi mañana preparándome un café a prueba de energía temprano para darme tiempo de preparar el café sin comerme tiempo y con respecto a lo de qué comer se ha demostrado que una dieta rica en alimentos vivos como frutas frescas y verduras aumenta considerablemente tus niveles de energía mejora tu concentración mental y tu bienestar emocional, te mantiene sana y te protege de enfermedades así que he creado el batido de suplementos Bioinher Fit (BIO PROTEIN) que incorporará todo lo que tu cuerpo necesita. En un gran vaso frío, te estoy hablando de proteínas completas todos los aminoácidos esenciales, antioxidantes, antienvejecimiento, ácidos grasos esenciales

Omega 3 para darle un empujón al sistema inmunitario a la salud cardiovascular y a la capacidad intelectual.

Además de un gran abanico de vitaminas y minerales. Esto solo para empezar no he mencionado siquiera todos los super alimentos como los fitonutrientes estimulantes y antidepresivos del cacao la semilla tropical de la que sale el chocolate la energía duradera de la maca del adaptó Geno de los Hongos Ganodermas todos juntos en un delicioso café energético andino reverenciado por sus efectos reguladores hormonales y los nutrientes que refuerzan el sistema inmunológico y las propiedades saciantes de las semillas de chía. El batido de Bioinher Fit en proteína vegetal que te aporta energía de acción prolongada, sino que además está buenísimo puede que incluso te parezca que aumenta tu capacidad de obrar milagros en la vida diaria me encantaría que te des la oportunidad de consumirlo lo puedes adquirir en la página web en la tienda virtual www.Bioinherfit.com te acuerdas del antiguo dicho eres lo que comes cuida tu cuerpo y tu cuerpo cuidará de ti. Sentirás una energía vibrante y una claridad acentuada de inmediato.

Haz afirmaciones al acostarte

Si nunca has hecho afirmaciones es momento de empezar para recargar energía y marcarte metas.

¿Cómo sueles empezar tus mañanas?

Yo te recomiendo que inviertas tiempo en concentrarte y crear un estado mental óptimo.

El silencio es una de las mejores maneras de reducir el estrés de inmediato al aumentar la conciencia de ti misma y dotar de claridad para mantenerte concentrada en tus metas en tus prioridades y en lo que resulte más importante en tu vida todos y cada uno de los días.

Estas son algunas de mis actividades preferidas en las que escojo a la hora de realizar el periodo de silencio sin ningún orden definido seguidas de una simple meditación para ayudarte a empezar:

- meditar
- rezar
- . reflexionar
- respiración
- . agradecimiento

Meditar ya existen un montón de grandes libros artículos y páginas web que se centran en la meditación. No entraré, en demasiados detalles antes de empezar la meditación es importante que te prepares mentalmente y te fijes expectativas, relajes tu mente y abandona la necesidad compulsiva de pensar constantemente en algo.

Encuentra un sitio tranquilo y cómodo donde puedas sentarte con la espalda recta en el sofá, en una silla, en el suelo o en un cojín para más comodidad.

Siéntate con la espalda recta y las piernas cruzadas, puedes cerrar los ojos o mirar el suelo aproximadamente a medio metro delante de ti.

Empieza concentrándote en la respiración respirando lento y profundamente. Inhala por la nariz exhala por la boca y asegúrate de llevar el aire a la barriga en vez del pecho, la respiración más efectiva debe hinchar la barriga.

Ahora empieza a controlar el ritmo de la respiración. Inhala contando hasta tres lentamente un segundo, dos segundos. tres segundos aguanta la respiración 3 segundos, ahora suelta lentamente contando hasta tres segundos, siente cómo los pensamientos y las emociones se tranquilizan a medida que te centras en la respiración. Ten presente que conforme intentes evidenciar la mente habrá pensamientos que aún vendrán de visita simplemente reconocerlos y luego déjalos ir volviendo cada vez al fondo de la respiración.

Recuerda que este es el momento de dejar ir la necesidad compulsiva de pensar en algo constantemente, es el momento de liberarte del estrés y dejar de preocuparte por tus problemas. Es el momento de poner todos los sentidos en este preciso instante esto se domina, sigue controlando la respiración e imagina que inhalas energía positiva amorosa y pacífica y exhalas todas las preocupaciones y el estrés. Disfruta del silencio, disfruta del momento, solo respira si ves que tienes una entrada constante de pensamientos puede que te ayude mejor a concentrarte en una sola palabra o frase y repetirla una y otra vez por dentro mientras inhalas y exhalas.

Por ejemplo: puedes probar algo así mientras inhalas, "paz", "amor" puedes intercambiar las palabras paz y amor por lo que creas que necesitas tener en tu vida "seguridad", "fe", "energía", creencia etc., y lo que creas que quieres ofrecerle al mundo la meditación es un regalo que puedes dar cada día realmente es un regalo increíble. El tiempo que paso meditando se ha convertido en una de mis partes preferidas del día es un momento para estar en paz sentirme agradecida y liberarme de los factores que provocan estrés y preocupación en mi día

Cómo las afirmaciones me cambiaron la vida

Mi primera experiencia con las afirmaciones fue cuando leí acerca del tema en el famoso libro de Napoleón Halls titulado "Piense y Hagase Rico" por cierto te lo recomiendo mucho. Aunque tenía una posición escéptica acerca del impacto que realmente podía tener la repetición de las afirmaciones en mi vida, pero pensé que me daría la oportunidad de practicarlas ya que si le funcionaban a otras personas por qué a mí no. Me podrían funcionar y empecé a desarrollar ese hábito de crear afirmaciones y repetirlas diariamente en diferentes horarios de mi vida diaria. Decidí atacar las creencias limitantes que había desarrollado durante tantos años tal como dijo Henry Ford, si piensas que puedes como si piensas que no puedes tienes razón y en diferentes libros que he leído recomendaban mucho las afirmaciones ya que a ellos les habían cambiado su vida y empecé aplicar en mi vida diaria ya que yo tenía la creencia limitante que no podrían cambiar las afirmaciones nada en mi vida y para comprobarlo creé mi primera afirmación que decía: abandonó la creencia limitante que tengo .

Cómo crear tus propias afirmaciones

Te voy a compartir cinco pasos sencillos para crear tus primeras afirmaciones:

1. Crea una afirmación, qué es lo que realmente quieres
2. Por qué lo quieres
3. Qué te comprometes a hacer para crearlo
4. Qué te comprometes a hacer para lograrlo
5. Añade filosofías y citas inspiradoras

Para que tus afirmaciones sean efectivas es importante que le ponga sentimiento a leerlas repetir una frase de forma mecánica una y otra vez sintiendo que es verdad tendrá un impacto positivo en ti. Tienes que encargarte de generar afirmaciones auténticas que te generen emoción y repetirlas con energía en cada afirmación que te repitas.

Crea el hábito de la lectura

Cuánto te recomiendo leer:

Yo recomiendo que te comprometas a leer un mínimo de 10 páginas al día o aunque sea cinco ya está bien para empezar si lees lento aún no lo disfrutas hagamos unos cálculos rápido para leer 10 páginas al día, no te hará daño sino mucho bien estamos hablando de tan solo 10 a 15 minutos de lectura o 15 a 30. Si lees más despacio míralo así si lo cuantificas con solo leer 10 páginas al día te saldrá una medida de 3.650 páginas al año lo que representa aproximadamente 18 libros de superación y desarrollo personal de 200 páginas deja que te pregunte, si lees 18 libros de desarrollo personal en los próximos 12 meses y te aseguro serás una mujer más culta competente y tendrás más confianza en ti misma. Claro te puedo recomendar algunos de mis primeros libros que a mí me ayudaron mucho a transformar mi mente:

Padre Rico, Padre Pobre

Piense y Hágase Rico

La Autopista del Millonario

Los Secretos de la Mente Millonaria

La Transformación Total de su Dinero

Los Cinco Lenguajes del Amor

Los Cuatro Acuerdos

Tus Zonas Erróneas

Estos son algunos de tantos y tantos libros que he leído que puedes empezar a leer.

Observaciones acerca de la lectura

Empieza con el fin en la mente antes de empezar a leer cada día pregúntate ¿Por qué estás leyendo ese libro? ¿Qué sacas leyendo? y acuérdate de la respuesta tómate tu tiempo para hacerlo ahora mismo pregúntate ¿qué quieres sacar de este libro? te comprometes a acabarlo y aún más importante, te comprometes a poner en práctica lo que aprendas en cada libro comprométete acabarlo y aún más importante comprométete a poner en práctica todo lo que aprendas en cada libro.

Prepárate para empezar a leer

Hay quien le gusta poner música instrumental de fondo como música clásica si te apetece poner música, pon música en volumen bajo relativamente ahora siéntate recta en una posición cómoda lo puedes hacer en la silla, en el sofá o en el suelo etcétera.

Empieza a llevar un diario

Mi forma preferida para realizar anotaciones es llevar un diario y lo hago durante 5 a 10 minutos desde que empecé el hábito de la lectura al sacar los pensamientos de la cabeza y poner por escrito adquirir valiosas percepciones que de otra forma no verías. El hecho de anotar te permite documentar tus percepciones, ideas, avances, revelaciones, éxitos y lecciones aprendidas, así como cualquier tipo de oportunidad y tu crecimiento personal mejora.

Relee tu diario

Cuando empecé a releer mi diario y a leer la primera página que había escrito al inicio del año empecé a analizar cuánto había crecido, cuánto había aprendido y cuánto había cambiado mi mentalidad de creencias limitantes que venía arrastrando desde el pasado. Al finalizar los últimos 12 meses del año me di cuenta de que había aprendido mucho y empecé a ganar claridad. El proceso de escribir algo nos obliga a pensarlo lo suficiente como para entenderlo así que llevar un diario te aporta más claridad te permitirá hacer lluvia de ideas y te ayudará a solucionar los problemas, empiezas a capturar ideas y llevar un diario no solo te ayuda a expandir tus ideas, sino que también evita que pierdas ideas importantes que quieras aplicar en un futuro es como estar repasando lecciones pero lecciones que tú has escrito en tu diario te permite revisar todas las lecciones que has escrito. Empiezas a tener conciencia de tu progreso, es genial volver a agarrar tu diario y empezarlo a leer en cada inicio de año para ver cuánto has progresado es una de las experiencias más fortalecedoras más agradables y que más confianza me inspiran realmente es algo inigualable.

Cómo llevar un diario con eficacia

Esos son tres sencillos pasos para empezar a escribir un diario o mejorar tu proceso de llevar un diario si ya lo tienes.

Puedes elegir un formato digital o tradicional

Depende básicamente de tus preferencias personales si prefieres escribir a mano o prefieres usar un teclado para escribir tus entradas en el diario, con esto deberá resultar relativamente fácil decidir qué formato quieres utilizar.

Si tomas la decisión de adquirir un diario tradicional

Todo te puede servir incluso hasta puedes utilizar una libreta de espiral de 99 cm como seguramente lo tendrás para el resto de tu vida cabe decir que es mejor adquirir un diario bonito y duradero que te guste mirar adquiere un diario que no solamente esté pautado sino también fechado con espacio para escribir los 365 días del año. En mi opinión tener un espacio prediseñado y fechado para escribir me obliga a hacerlo cada día pues se nota mucho cuando me salto un día o dos porque se quedan en blanco estas hojas y eso me obliga a recordar y escribir en esas hojas lo que no escribí en esos días.

Tiempo para escribir en tu diario

Tiempo para escribir en tu diario no te llevas más de 5 minutos. Escribir todo lo que hiciste, todas las experiencias que tuviste durante el día y puedes pegar algunas fotos para que las tengas como recuerdo y visualices tú antes y tu después y puedas visualizar en dónde quieres estar en los próximos 10 años y cómo te visualizas físicamente.

Qué puedes escribir en tu diario

Hay infinitos aspectos de tu vida sobre los que puedes escribir, puedes escribir en tu diario la gratitud, tu diario de sueños, de comida, de tu deporte, sobre tus objetivos, tus sueños, tus planes, tu familia, promesas, lecciones aprendidas y cosas en lo que creas que tienes que concentrarte en tu vida. Mi método que aplicó para llevar el diario de mi vida abarca desde un proceso muy específico estructurado hacer una lista de aquello que agradezco, reconozco mis logros, clarificar mis ideas en qué quiero mejorar y planificar qué acciones concretas y a que me comprometo a llevar a cabo para mejorar y que mejor que sea un formato bastante tradicional en el que hay una entrada fechada con un resumen de mi día.

Capitulo # 14 Mujer no te olvides de ti

Si empiezas a analizar tu vida estarás leyendo el mejor libro de la vida. Habla de tu silencio, habla de tus fracasos, de tus logros, habla todo de ti, pero tienes que aprender a escuchar esa voz interna a ver y a interpretar todo tu interior y exterior porque Dios nos dio dos oídos dos ojos y una boca porque es más importante ver, escuchar y en su momento hablar con sabiduría. El tema que te voy a compartir no pretendo que estés de acuerdo en todo conmigo porque está bien que no estés de acuerdo si es un tema que no resuena contigo y está bien que tengas tu propia opinión del tema.

Te voy a compartir en este capítulo personalmente estoy invirtiendo mi tiempo, mi energía y parte de mi testimonio ya que en alguna etapa de mi vida yo estuve también en desequilibrio y considero crucial tocar este tema ya que en mi emprendimiento estoy en contacto y comunicación con muchas mujeres y veo a muchas de ellas con una tristeza en su rostro inevitable que la puedan ocultar algunas de ellas con un sobrepeso que ni ellas mismas pueden cargar mujeres jovencitas les puedo ver en su rostro 23, 24, 25 años no tienen más de 30 y muy abandonadas y son mujeres bellísimas pero con una piel cero cuidada imagina tu si eso es lo externo como estarán internamente.

Mujer ve tu afuera para qué empieces a ver qué ocurre adentro, yo se mujer que me estas leyendo qué es tiempo de tomar conciencia. Por ejemplo: veo a mujeres con menos de 25 años con una obesidad mórbida que ya caminan cansadas y caminan con un cansancio como si ya estuvieran cansadas de la vida. Para mí representa un abandono muy fuerte de sí mismas una pereza muy obvia pero ciertamente hay mujeres que dicen yo así soy feliz y está bien es su punto de vista pero si tú eres una mujer que estas en ese caso la pregunta que yo quiero hacerte el día de hoy es, ¿Por qué te abandonaste? ¿Por qué te dejaste para el último? una manera de hacernos daño, es nuestra forma de comer tu forma de comer habla mucho de tu amor propio puede ser una depresión y empezamos a descuidarnos muchas veces ocurre esto en nuestra vida.

Te invito que recuerdes un poco de tu infancia principalmente en la etapa de la adolescencia y principios de tu juventud. En esa etapa éramos jóvenes íbamos al gym, hacíamos ejercicio, comíamos más o menos saludable nos comprábamos ropa ajustada y nos veíamos bien, pero si ahora ya estás en una relación de pareja o casada empiezas a descuidar de ti, para cuidar más a tu pareja, a tus hijos y te empiezas a olvidar de ti, es un grave error porque para que este bien tu familia primero tienes que estar bien tu. Ya que nuestros hijos son nuestro espejo, si te la pasas excusando que ya no tienes tiempo y te olvidaste completamente de ti no importa que hayan llegado los hijos, no significa que te debes de olvidar de ti.

No te olvides de ti mujer ve a el gimnasio come saludable, ten metas, enfócate en tus proyectos, siéntete realizada por qué cuando tú empiezas a abandonarte y si tienes una relación de pareja agárrate que los celos van a ser tu pan de cada día porque en un momento yo estuve ahí muy abandonada de mí, súper abandonada yo me abandoné a mí misma y nadie era culpable de ese abandono más que yo misma, porque muchas veces queremos amor o que nos quieran quien está en nuestro alrededor pero imagínate si ni nosotras mismas nos queremos como podemos pedir o esperar amor de un ser externo.

Yo te recomiendo que te veas en el espejo y que te digas me encanta la mujer que soy, me encanta mi forma de pensar, me encantan mis finanzas, me encanta todo de mí, tengo una base espiritual, me gusta mi vida, me gusta la mujer que veo en el espejo, has hecho un gran trabajo y que tu misma te felicites ahora. Aquí hay otra cosa la vejez va a llegar si a tus 23, 24, 25 o 30 años estás abandonada de ti te has abandonado a ti misma por completo imagínate cuando llegues a los 40 cuando llegues a la etapa sagrada que es la menopausia ahí apenas es la etapa de la plenitud pero muchas mujeres llegan a esta etapa de la plenitud y son buenísimas para culpar a todo mundo desde sus padres, su pareja y no es así porque la única persona que se debe de cuidar como nadie eres tú misma y nadie más, tú debes de cuidarte a ti como algo que quieres mucho, que proteges, que cuidas, que tratas con amor con respeto.

Algo muy importante a ti no te puede tener cualquier hombre, eres sagrada mujer cuántas mujeres no valoran su cuerpo y se entregan a uno y a otro y si no funcionó se siguen con otro y otro. Ahora tú puedes hacer con tu cuerpo lo que te dé la gana, pero yo te voy a decir una cosa sabes qué es lo que trae todo eso es mucha inestabilidad más de las que tú te imaginas porque con la pareja que estás sexualmente impacta mucho en tu vida ya que la energía sexual es una energía de vida, ya que si no fuera por una energía sexual tú no estuvieras aquí, yo no estuviera aquí, todas somos resultado de una energía sexual. Ahora hay mujeres que ven su cuerpo como un juguete por qué a veces no nos valoramos y nos dejamos llevar por esa energía sexual fisiológica.

Aquí hay otro punto muy importante que te comparto, una mujer desocupada es muy peligrosa porque no tiene metas, no tienes sueños, no tienes un proyecto de vida porque no te has dado cuenta del valor y el potencial que tienes como mujer y en ocasiones ese puede ser el caso de que el hombre no valore a la mujer pero qué crees, el hombre no te tiene que valorar. El valor te lo pones tu como mujer porque luego pasamos por la vida diciendo que los hombres no nos valoran, no son ellos, somos nosotras que no nos valoramos porque a ti nadie te puso una pistola para seguir a ese hombre que no te valora, tú eres la reina, tú eres la princesa, tú eres la dueña de tu vida, tú eres la dueña de tu casa y mandas tú, no te regales por unas palabras bonitas tampoco, te regales por una noche de cine, ni por una comida, una mujer es una dama, una mujer que cualquier hombre daría un castillo por tenerte.

Capitulo # 15 No pierdas tu salud

Mujer si realmente te amas empieza a cuidar tu cuerpo porque tu cuerpo es tu templo y dentro de ese templo tú vives todos los días. En este libro te voy a compartir la verdadera nutrición este tema es tan amplio que solamente en estas líneas en este capítulo te puedo compartir básicamente la introducción, pero es lo fundamental, las bases, los cimientos para el resto de tu vida tienes que empezar a nutrir tu cuerpo de adentro hacia afuera y empezar a relacionarte amorosamente con los alimentos para lograr resultados en tu cuerpo hermoso.

Si tú empiezas a aplicar todo esto que te voy a compartir empezarás a ver resultados en tu cuerpo y empezarás a sentirte bien contigo misma, no se trata de empezar a contar calorías en los alimentos que van a nutrir tu cuerpo vas a empezar a tener una relación más consciente con los alimentos y esto impactará de una manera positiva en tu cuerpo ahora. Como nutrióloga y especialista en obesidad me dedico a guiar, apoyar y sostener a mujeres como tú que sienten el llamado de su corazón para mejorar la relación con los alimentos y con su cuerpo. Si pudiera ser el caso tuyo, si no es así hay algunas mujeres que es su caso el sobrepeso, la obesidad, si eres una de esas mujeres esta información de este capítulo es para ti.

Bienvenida hermosa mujer

Armoniza la relación que tienes actualmente con la comida y deja de alimentar tu cuerpo con esos pensamientos y sentimientos de culpa por qué comes lo que no deberías y aprende a escuchar tu cuerpo.

Yo te pregunto ¿Llevas una alimentación de acuerdo a como la vida te lleva? o te auto castigas porque no puedes hacer los cambios y vives corriendo y sin tiempo comprando comida procesada que al final de cuentas estas comiendo para llenar tu estomago mas no para nutrirlo y en muchas ocasiones hasta se tira a la basura porque no se nos antojó y en ocasiones te cuidas de no comer ciertos alimentos pero regularmente fallas llenándote de culpa y sin disfrutar de lo que comes es decir la relación que llevas con los alimentos es de acuerdo a cómo te sientes llevando la vida que tienes actualmente tómate tiempo para analizar qué tipo de relación llevas con tus alimentos y con tu cuerpo.

En este libro te guío y te acompaño de una manera fácil y divertida con la intención de abrirte la puerta a una nueva forma de relacionarte contigo misma y con tu cuerpo para que este sea el inicio de un estilo de vida en conexión con tus alimentos y con tu cuerpo.

Te ayudaré a implementar alimentos que nutren tu mente, cuerpo y alma así tú puedes elegir de una manera amorosa y consciente la comida que decides colocar en tu plato permitiéndote entrar en equilibrio con tu mente y cuerpo para que al comer puedas disfrutar de los alimentos transformando tu relación con ellos.

Es necesario que tengas claridad que es alimentarse, nutrirse y cuáles son las fuentes de nuestra alimentación primaria y secundaria para poder integrar en tu manera de comer sin entrar en el bloqueo de estar a dieta. Porque comer saludable y nutrir a tu cuerpo no es una dieta es crear un estilo de vida el cual te permite conectar con tu cuerpo y con los alimentos de una manera amorosa.

Recuerda: Un estilo de vida comienza con la decisión que tomas cada día.

Integrar nuevos alimentos y comer como nos sentimos hacia ello hará una gran diferencia en los resultados de nuestro cuerpo físico y tu actitud ante la vida.

Mientras más alimentos primarios consumamos menos dependeremos de los alimentos secundarios y por el contrario cuanto más nos llenemos de alimentos secundarios menos espacio dejaremos para los alimentos primarios

verdadera fuente de nutrición.

Existen dos bases esenciales para crear una relación amorosa con tu cuerpo y los alimentos, es necesario que sepas cuáles son para que puedas abrirte al cambio.

Alimentación secundaria

La alimentación secundaria es la forma en cómo nutrimos a nuestro cuerpo físico, lo que comemos en nuestro día a día y lo que nuestro cuerpo necesita para su función correcta.

Esta alimentación secundaria la obtenemos en nuestro plató a través de estas fuentes: Frutas, verduras, proteína animal o vegetal, granos enteros, grasas, aceites saludables y agua.

Alimentación primaria

La nutrición primaria es una fuente de energía de los alimentos primarios, o fuentes no alimentarias de nutrición, son las que realmente nos satisfacen.

Es la forma en que nutrimos a nuestra alma.

Los alimentos primarios van más allá del plato, nutriéndose a un nivel más profundo.

Hay cuatro alimentos principales:

- tu profesión
- tus relaciones y la relación contigo misma
- . tu actividad física
- tu práctica espiritual

Alimentación secundaria

Necesitas tres elementos importantes para darle energía a tus órganos y que tu cuerpo funcione correctamente. Estos son llamados macronutrientes, son tres que componen;

proteínas, grasas y carbohidratos.

Proteínas

Hay dos tipos de proteínas: proteína animal que se considera completa porque contiene todos los aminoácidos esenciales. La proteína vegetal que generalmente carece de uno o dos de estos aminoácidos esenciales, por eso se considera incompleta.

Proteína animal completa: Salmón, pescado, atún, pavo, res, huevo, etc.

Proteína vegetal incompleta: Legumbres: frijol, lentejas. Semillas: linaza, chía nueces producto de soja orgánicos etc.

Carbohidratos

Hay dos tipos de carbohidratos principales: Simples y Complejos.

Los carbohidratos adecuados en nuestra dieta nos brindan energía, que utilizan facilitan una digestión saludable y ayudan a mantener un peso adecuado.

Carbohidratos simples: Fruta, miel, azúcar refinada, lácteos etc.

Carbohidratos complejos. Granos integrales arroz, arroz integral o avena verduras, trigo integral, legumbres frijoles y lentejas.

Grasas: Las grasas y aceites son importantes en nuestra alimentación ya que representan la fuente principal de energía. Las grasas y aceites saludables nos ayudan a absorber y a transportar todas las vitaminas.

Elige las que te nutren sustituyendo las que no te aportan nutrientes

Grasa saludable: Aceite de aguacate, aceite de coco, aceite de linaza, aceite de ajonjolí, aceite de calabaza, aceite de oliva, mantequilla natural de nuez.

Grasa procesada: Aceite de Canola, aceite de maíz, aceite de girasol, aceite parcialmente hidrogenado: galletas saladas, galletas dulces, pasteles y productos horneados, aceite vegetal bromado etc.

Alimentación primaria

Lleva tu atención hacia adentro y comienza a notar las señales que te da tu cuerpo.

El cuerpo es asombroso, sabe cuándo dormir, cuándo despertar y cuándo debe ir al baño. Mantiene por sí solo la temperatura a 98.6

grados, se cura a sí mismo cuando está herido y conoce el milagro del embarazo y el nacimiento de un niño, tu corazón nunca pierde un latido, tus pulmones siempre están respirando, el cuerpo es una súper computadora.

Observa tus comidas y comportamientos en tu vida. Por ejemplo: las causas escondidas de tus antojos. Tus antojos son importantes mensajes destinados a ayudarte a conocerte a ti misma y a tu cuerpo. Cuando experimentes un antojo pregúntate, ¿Qué quiere y necesita mi cuerpo? ¿Por qué y para qué?

Entiende primero tu interior para que se refleje en tu exterior

Falta de nutrición primaria: estar insatisfecha con una relación o tener una rutina de ejercicio inapropiada (demasiado, muy poco o de tipo incorrecto), estar aburrida, estresada, no te gusta tu trabajo o con falta de una práctica espiritual, pueden causar ganas emocionales de comer.

Comer puede ser utilizado como un sustituto del entrenamiento o para llenar la deficiencia de nutrición primaria.

Ejemplo:

Los antojos de azúcar: Indica que necesitas más agua, relajación o amor. Quizás darte un masaje. Rodearte de tus seres queridos o simplemente hacer cosas que disfrutas te ayudarán a disminuir esos antojos que tienes al azúcar.

Agua: La falta de agua puede enviar el mensaje de que estás sediento y al borde de la deshidratación. O también se puede manifestar como hambre, así que cuando sientas un antojo, es tomar un vaso lleno de agua. Pero ojo, el exceso de agua también puede provocar antojos así que asegúrate de que tu consumo de agua sea bien balanceado.

Los antojos: a lo salado: significa que necesitas más minerales o alimentos ricos en nutrientes a medida que pongas atención a tus antojos tu cuerpo se equilibra y tus antojos se desvanecerán.

Un buen estilo de vida comienza con la decisión que elijas tomar cada día

Mantener una buena relación con los alimentos depende de tus decisiones de lo que te dices y piensas sobre tu cuerpo. Lo que debes y no debes comer, comienza hoy buscando opciones de alimentos que te gusten para preparar platillos saludables porque comer saludable y rico es posible.

Crear una relación amorosa y armoniosa conlleva mucha paciencia disciplina y constancia. Así que comienza implementando pequeños cambios, que a lo largo van a ser una gran diferencia y se podrán ver reflejados en tu cuerpo físico. Por eso empecemos con tu desayuno integrando, alimentos nuevos y nutritivos a tu plato sobre todo comienza a tener una conversación más amorosa y armoniosa contigo misma.

Debes de tener compromiso, organización, planificación y claridad del por qué quieres mejorar tu relación con los alimentos. Son puntos importantes para que te ayuden en el camino, a ese cambio y transformación. Piensa en cómo te quieres sentir después de hacer este cambio de cuatro semanas y sea amable contigo misma. Ahora es momento de ponerte en acción y uses el diario saludable que encontrarás en este libro, más adelante junto con una guía que te voy a dar para balancear tu plato que te podrán dar ideas de cómo podrás empezar a crear tus desayunos para cada día de la semana. Crear una rutina de ejercicio y tener el hábito de nutrirte de adentro hacia afuera todos los días para tener ese estilo de vida en conexión contigo misma.

endo que cuando eso suceda haz un balance con algo ligero. Por ejemplo: si te comes algo grasoso pan, dulce, tortillas, hamburguesas etc., asegúrate que tomes un té del que sea tu favorito jugo verde, cúrcuma para que te ayude a crear ese balance.

Te invito a que tomes un poco de tu tiempo de calidad para explorar tu equilibrio personal entre la alimentación primaria y los alimentos secundarios y te contestes a ti misma en este momento cuál es tu relación actual con los alimentos y en qué área necesitas poner más atención.

Semana Numero 1. Para tener un plato balanceado y un cuerpo necesitas implementar agua, verduras, frutas, proteinas y carbohidratos y aceites saludables como es el aceite de olivo, aceite de uva, aceite de ajonjoli, aceite de aguacate en tus verduras y ensaladas.

Planifica tus primeros 7 dias.

Los primeros pasos a seguir escribe en un cuaderno la razón del cual estás haciendo estos cambios ejemplo lo hago porque:

Me comprometo a disfrutar cada momento poniendo mi mente en el presente.

Me comprometo conscientemente a darle a mi cuerpo los nutrientes que necesita.

Me comprometo a brindarle amor y armonía a mi alma de una manera saludable y nutritiva.

Cada día irás formando tu plato para que le des a tu cuerpo todos los nutrientes que necesita. Cada día integra un alimento que complementará a tener un plato balanceado para mayor efectividad, lo acompañaras con diferentes actividades que nutren tu alma y te llenen de alegría asegúrate de ir al supermercado antes de comenzar tu semana para que tengas todos los alimentos que necesitas y de esa manera estarás organizada preparada y lista para comenzar sin excusas, ni pretextos. Para cada día necesitas tener en tu cocina cada una de estas categorías que te voy a poner para que selecciones si hay alguna fruta, verdura, vegetal o proteína que no esté en la lista puedes suplir, tú decides que estén en el mismo grupo.

Grasas y aceite saludable, elige una opción subrayando:

Aceite de aguacate, coco, linaza, calabaza, oliva y mantequilla de nuez natural.

Vegetales elige los que quieras, entre más mejor:

Calabaza, zanahoria, brócoli, cebolla, jitomate, betabel, espinacas, lechuga, camote, nopales y aguacate.

Aguas naturales elige dos o cuatro opciones: agua purificada natural, limón con chía, tamarindo, coco

Proteína animal elige dos o tres opciones:

Pavo, atún, pescado, salmón, pollo, venado, res

Proteína vegetal elige dos opciones:

Quinoa, espinacas, semillas, linaza, chía, nueces

Carbohidratos granos enteros elige una o dos opciones:

Arroz integral, quinoa, avena, frijoles

Fruta elige tres a cinco opciones:

Naranja, sandía, uvas, pera, plátano, mandarinas, toronja, cereza, mamey, manzana verde.

Día 1: Grasas saludables, el primer día de la semana que vas a empezar a hacer cambios de hábitos vas a implementar algún aceite de los antes mencionados para cocinar tus alimentos

Las grasas y aceites son importantes en nuestra alimentación porque representan la fuente principal de energía. Las grasas y aceites son saludables, nos ayudan a obtener y transportar todas las vitaminas.

Día 2: Agua natural, este día empezarás a agregar el agua natural de un litro y medio a 2 L.

El agua te ayuda a hidratar tu cuerpo, a eliminar el exceso de acidez de tu organismo y a tus células, les ayuda a tener una alimentación más saludable.

Día 3: Proteína de animal ahora que ya agregaste el aceite y el agua hoy toca agregar tu proteína en este día 3. Consumir proteínas nos ayudará a tener bien fuertes y sanos nuestra piel, hueso, músculos y cabello etc.

Día 4: Vegetales aportan vitaminas, minerales y te ayudan a mejorar tu digestión. Ahora que ya agregaste a tu plato aceite, agua, proteína hoy toca agregar tus verduras y tendrás un plato muy nutritivo.

Día 5: Carbohidratos en granos enteros los carbohidratos contienen hierro lo cual es uno de los minerales que tu cuerpo necesita para su crecimiento. La fibra, ayuda a que tu sistema digestivo no se atore la materia fecal y sea mucho más fácil en tu proceso de eliminación. La vitamina B ayuda a mantener tu digestión saludable y en su función normal los granos enteros se digieren lentamente lo cual nos permite mantener nuestros niveles de azúcar en la sangre más estables. Ya vamos formando cada día un plato más nutritivo, hoy toca agregar carbohidratos de la lista anteriormente mencionada.

Día 6: Fruta, la fruta ayuda a desintoxicar tu cuerpo a eliminar el exceso de líquidos. También contiene fibra la cual te ayuda a regular tus funciones intestinales. Ya casi creaste tu plato balanceado en este día te toca agregar el último elemento que completará tu plato 100% nutritivo.

Dia 7: Este dia siempre sera libre, puedes comer lo que mas te gusto de la semana incluso algun antojo que sea saludable. Sin olvidar que estas en un proceso de cambio de habitos alimenticios para ser saludable el resto de tu vida.

Si ya lo lograste.

Ahora que ya sabes como balancear tu plato, disfruta de tu comida favorita. Solo asegurate de agregar todos los nutrientes en tu plato ya que esto es lo que tu cuerpo necesita para estar en balance de ahora en adelante tu plato está 100% balanceado

Ojo de acuerdo con la meta que quieres, es la alimentación que vas a obtener recuerda este es solo el inicio, la primera semana completa.

Ahora seguimos con la semana número 2

En estos siguientes 7 días, iremos más a nuestro interior a integrar lo siguiente. Cada día será un día con una fruta y verdura de diferente color, un rico y nutritivo desayuno, afirmaciones que te ayudarán a expandirte. Así que vamos a empezar.

Semana número 2: Acéptate, reconócete y nutre de adentro hacia afuera.

Vas a empezar a planificar tus siguientes 7 días de la semana 2: **pasos a seguir**

Escribe en un cuaderno la razón por la cual estás haciendo esta segunda semana, "Lo hago porque…"

Me comprometo a disfrutar cada momento poniendo mi mente en el presente.

Me comprometo conscientemente a darle a mi cuerpo los nutrientes que necesita.

Me comprometo a brindarle amor y armonía a mi alma de una manera saludable y nutritiva.

Día 1: Tu comida y tu cena serán la misma rutina de alimentos balanceados que llevas. Lo único que implementarán será un desayuno de fruta o verdura diferente cada día.

Día 2: Cada día integrarán un desayuno fruta y verdura diferente del color indicado. Brindará diferentes nutrientes a tu cuerpo y con ello lo complementamos con agua y afirmaciones que nutren desde adentro.

Día 3: Te compartiré una lista de diferentes afirmaciones cada día para que te ayuden a expandir tu energía, elige dos afirmaciones. Mirándote al espejo repite las afirmaciones, una la dirás por la mañana antes de tus actividades y la otra la dirás por las noches antes de irte a dormir.

Dia 4: Observa muy bien qué reacción tiene tu mente y tu cuerpo cuando te digas esas afirmaciones a ti misma (Mantén tu diario a la mano para que las escribas).

Dia 5: Asegúrate de ir al supermercado antes de comenzar tu semana de esa manera estarás organizada y lista para comenzar tu semana sin excusas, ni pretextos.

Las afirmaciones te ayudarán a crear una transformación positiva en tu vida. Son unas herramientas para ayudarte a elevar tu vibración y puedas manifestar la vida que deseas con más facilidad. De esta forma, te enfocas en nutrir tus pensamientos abriendo el camino a la transformación. Es por ello que en casi todo este libro te hablo de las afirmaciones.

Lista para el supermercado

Durante los próximos 7 días, vamos a estar integrando diferentes colores de frutas y verduras. Escoge tus frutas favoritas y verduras del color indicado. Necesitas los seis colores indicados que aquí abajo te voy a compartir. El día 7 será abierto para que elijas la fruta y verdura que más te gustó y te prepares tu desayuno favorito. Aquí mismo te brindo algunos ejemplos, pero tú puedes elegir lo que te guste y disfrutes siempre cuando sean del color indicado.

Color rojo necesitarás dos frutas y verduras de este color. Elige el que mejor te guste, fruta: fresa, frambuesa, sandía. Vegetal: tomate, chile morrón rojo.

Color anaranjado necesitarás dos frutas y verduras de este color. Elige la que mejor te guste, fruta: toronja, durazno. Vegetal: chile, morrón naranja, camote, zanahoria.

Color amarillo necesitas dos frutas y verduras de este color. Elige la que mejor te guste, fruta: piña, plátano, pera amarilla. Vegetal: elote, chile, morrón amarillo, calabaza amarilla.

Color verde necesitarás dos frutas y verduras de este color. Elige la que mejor te guste, fruta: kiwi, manzana, uva, calabaza, aguacate, espinaca.

Color azul o morado necesitarás dos frutas y verduras de este color. Elige la que mejor te guste, fruta: uvas, higos, moras. Vegetales: berenjena, betabel, col morada.

Color blanco necesitarás dos frutas y verduras de este color. Elige la que mejor te guste, fruta: coco, plátanos. Vegetales: cebolla, coliflor, ajo.

Ingredientes adicionales para tu desayuno

Te comparto algunos ingredientes más que vas a ocupar para tus desayunos. Los debes de tener a la mano para tu preparación, huevo, jitomate, jamón de pavo, aguacate, plátano, frasco de miel, canela en polvo, leche de almendras, proteína en polvo sin azúcar, avena orgánica, coco rallado. Que todos tus ingredientes sean orgánicos.

Instrucciones

Organízate y planifica tus desayunos, anota con anticipación el menú que llevarás los 7 días y compra todo lo necesario para que te sea más fácil y puedas fluir en armonía contigo misma. En todo este proceso, mantén a la mano tu diario para estos 7 días para que vayas anotando y veas cómo te vas sintiendo. Te doy una idea de cómo vas a ir escribiendo en tu diario. Puedes poner en tu diario cuatro secciones:

1. La primera son tus alimentos. Escribe qué fue lo que comiste.

2. La segunda son tus emociones. Escribe cómo te sentiste emocionalmente con lo que comiste en tu día.

3. La tercera es físicamente. ¿Cómo te sentiste físicamente? ¿Qué sensación experimentaste con tu cuerpo?, ¿Sentiste inflamación? ¿Pesadez o dolor de estómago? cualquier detalle por más mínimo que sea asegúrate de anotarlo.

4. La cuarta escribe qué sensación en tu cuerpo te causó al comerte tu desayuno con verdura y tu fruta.

Escribe cómo te sentiste y qué sentiste en tu cuerpo al repetir la información positiva de cada día. Puedes seguir estos mismos pasos con las tres comidas de tu día y también con tus meriendas.

Los alimentos que colocas en tu plato son los que nutren a tu cuerpo y cuando haces las cosas que disfrutas, estás nutriendo a tu alma.

Somos energía, somos más que el cuerpo físico

El cuerpo está dirigido por 7 puntos energéticos. En pocas palabras estos puntos de energía ayudan a crear un flujo de energía constante donde te permite fluir en cada parte de tu vida. Estos son dirigidos principalmente por las emociones. A continuación, te compartiré brevemente cada uno, ¿por qué te los compartiré? porque a base de estos puntos energéticos nutrimos las emociones, pensamientos y el cuerpo entero. Por eso esta segunda semana te compartiré alimentos que puedes implementar para nutrir cada parte de tu cuerpo. No solo en tu exterior, sino también en tu interior llevando a tu cuerpo a profundidad porque somos más que lo que comemos.

Los siete puntos energéticos

Punto 1. Conexión con la tierra: nutre los genitales y la vagina.

Punto 2. Conexión con tu creatividad: nutre los órganos, riñones y vejiga.

Punto 3. Conexión con tu poder: nutre el hígado, órganos dijes, páncreas y suprarrenales,

Punto 4. Conexión con la relación contigo: nutre el corazón y el sistema inmunológico.

Punto 5. Conexión con la comunicación contigo: nutre tus pulmones, oídos, garganta y hormonas.

Punto 6. Conexión con tus metas: nutre la glándula pituitaria, los ojos y el cerebro.

Punto 7. Conexión con la energía divina: nutre la glándula pineal y el cerebro.

En tu diario, en la área saludable, puedes escribir de esta manera qué desayunaste, cuáles fueron tus alimentos, que pusiste en tu desayuno, cuáles fueron tus emociones que sentiste y cómo te sentiste físicamente. Esto lo puedes hacer en el desayuno, la comida, la cena y en tus meriendas y tus antojos. Pon la fecha diariamente. También anota cuántos vasos de agua tomaste, qué es lo que estás logrando con este cambio de hábitos de alimentación, qué estás aprendiendo, cuál es tu intención por estar implementando nuevos hábitos saludables

Día 1: En este día integrarás dos afirmaciones, frutas y verduras de color rojo en tu desayuno de huevo. Las frutas y verduras de color rojo nos aportan los nutrientes necesarios en la función de nuestro corazón y el cerebro, especialmente en la memoria. Antes de comer, no olvides agradecer a todas las manos que hicieron posible que llegara a ti esa comida deliciosa que estás por comer.

Te voy a compartir algunas de mis afirmaciones, tú puedes crear las propias como anteriormente te lo he venido comentando.

Elige las que más resuenen en tu corazón y conectan mejor con lo que comes.

Me libero de lo pasado. Me centro en la tierra y me siento unida a lo esencial.

Abrazo y amo mi energía femenina que está dentro de mí y me dirige con amor.

Estoy en proceso de sanarme y cada día estoy mejor.

Soy merecedora de la abundancia. Aquí y ahora, tengo el poder de manifestarlo físico y emocionalmente.

Dia 2: En este día integrarás dos afirmaciones, frutas y verduras de color anaranjado.

Las frutas y verduras de color anaranjado nos aportan betacaroteno y vitamina C, lo cual son ideales para mejorar la salud y la inmunidad de los ojos. Antes de comer, no olvides agradecer a todas las manos que hicieron posible que llegaran a ti esa comida deliciosa que estás por degustar.

Elige las afirmaciones que más resumen en tu corazón y conecta mejor con lo que comes.

Me libero de todas las emociones que no me elevan.

Recibo lo que la vida me ofrece en amor y armonía.

Me doy la bienvenida y reconozco todas mis emociones.

Me conecto con mi poder creativo y lo expreso en todas las áreas de mi vida con pasión.

Dia 3: En este día integrarás dos afirmaciones, frutas y verduras de color amarillo.

Las frutas y verduras de color amarillo contienen vitamina c, que nos ayuda en la formación de colágeno, los huesos y los dientes. Nos ayudan a la absorción del hierro, de los alimentos que contienen ácido fólico y minerales como el potasio y un alto contenido de agua, fibra y carbohidratos.

Elige las afirmaciones que resuenen más en tu corazón y conecta mejor con lo que comes.

Reconozco mi poder y la fuerza que hay dentro de mí.

Me conecto con mi poder y mi fuerza.

Estoy en proceso de sanarme y cada día estoy mejor y mejor.

Soy merecedora de la abundancia. Aquí y ahora tengo el poder de manifestarlo físico y emocionalmente.

Dia 4: En este día integra dos afirmaciones, frutas y verduras de color verde.

Las frutas y verduras de color verde son excelentes para purificar la sangre, fortalecer el sistema inmune, nutrir el sistema nervioso, evitan la depresión y ansiedad.

Elige las afirmaciones que resuenen más en tu corazón y conecten mejor con lo que comes.

Me siento conectada con el amor universal.

Me respeto y me doy valor a mí misma.

Amo y soy amada. Doy y recibo amor.

Mis relaciones son armoniosas. Amo a la gente y la gente me ama.

Día 5: En este día ingresarás dos afirmaciones, frutas y verduras de color azul y morado.

Las frutas y verduras de color azul y morado son ricas en antioxidantes y pueden prevenir los signos tempranos de envejecimiento y enfermedades cardíacas.

Elige las afirmaciones que resuenen más en tu corazón y conecta mejor con lo que comes.

Confío en mí y expreso lo que siento con armonía.

Mis pensamientos positivos son ordenados, claros y poderosos.

Expresó con claridad, sin miedo, mis ideas y soy escuchada.

Mi voz interior es limpia y poderosa. Cada día me escuchó más.

Día 6: En este día integra dos afirmaciones, frutas y verduras de color blanco

Las frutas y verduras de color blanco proporcionan beneficios saludables para los huesos, la salud del sistema circulatorio y la función arterial.

Elige las afirmaciones que resuenen más en tu corazón y conecta mejor con lo que comes.

Amplió mi visión del mundo y de mi realidad personal.

Mi visión sobre una vida mejor es clara.

Recibo apoyo del universo en armonía.

Vislumbro y me anticipo siempre a lo mejor agradeciéndole a la vida todas las bendiciones.

Día 7: En este día elige la fruta que más te guste y disfrútala, tómate tus vasos de agua necesarios y agradece por lograr esta segunda semana y por haberle dado a tu cuerpo los nutrientes necesarios que requiere.

Elige dos afirmaciones expansivas: la primera es para empezar tu día y la segunda es en la noche antes de irte a dormir. Encuentra 10 a 15 minutos de tu día para pasar un tiempo en la naturaleza, cierra los ojos y concéntrate en tu respiración inhalando y exhalando. Agradece por haberle brindado estos nutrientes a tu mente, cuerpo y alma.

Recibo energía vital que me llena de luz y me purifica.

Soy un todo, parte del todo y gozo de la paz y la armonía de la vida.

Soy un ser unido completo que vibra en el amor universal.

Resueno en la alta frecuencia, vivo en el amor e irradio amor divino.

Lo lograste

Ya te conectaste, te aceptaste y nutriste tu cuerpo de adentro hacia afuera, muy bien hecho. Al inicio, el cambio comienza a ocurrir dentro y después eso se ve reflejado en tu cuerpo.

Ya tienes tus puntos energéticos muy activados y tus órganos nutridos porque en esta segunda semana te nutriste de adentro hacia afuera.

Semana número 3:

En estos siguientes 7 días iremos a nuestro exterior, conectaremos con ese movimiento físico para que disfrutes y puedas crear ese hábito. Integra lo siguiente:

Sigue creando tu plato balanceado.

Sigue implementando esas frutas y verduras en tus comidas para nutrirte internamente.

Sigue nutriendo tus pensamientos con esas afirmaciones en la mañana y en la noche.

Cada día integra un ejercicio diferente.

Cada día organiza tu tiempo para descansar y dormir lo suficiente.

En esta semana número 3 incrementa un movimiento físico que te llene de energía.

Planificación para estos próximos 7 días

Pasos a seguir:

En esta semana implementa el movimiento físico y el descanso. Crear una rutina de ejercicio que disfrutes es sumamente esencial para ver una transformación en tu cuerpo. Crea una rutina de descanso y sueño donde te permitas dormir entre 7 y 8 horas. Es esencial para poder llevar a tu cuerpo a esa transformación. Escribe en tu diario la razón por la cual estás haciendo esta semana de movimiento físico y escribe, "Lo hago porque…"

Me comprometo a disfrutar cada movimiento que yo haga en mi cuerpo.

Me comprometo conscientemente a darle a mi cuerpo el descanso que necesita.

Me comprometo a brindarle amor y armonía a mi alma de una manera saludable y nutritiva.

1. Cada día explora un ejercicio diferente. Pero si encuentras el que más te agrade o se adecue a tu tiempo entonces harás ese ejercicio por los próximos 7 días.

2. Cada día vas a hacer una rutina de ejercicio de 30 minutos.

3. Cada día vas a establecer también tu rutina de descanso donde puedas dormir mínimo 7 horas.

4. Ten una hoja donde podrás organizar tu rutina de ejercicio. Podrás ver tu progreso y donde podrás escribir en tu diario qué cambios has notado en tu cuerpo, pensamiento y energía durante tu día.

Crear un movimiento físico se trata de que sea divertido y expansivo que te llene de felicidad y gozo.

Dia 1: Movimiento fisico: al complementar el ejercicio con tu alimentacion te ayudara a aumentar tu energía y a reducir el estrés, la ansiedad y te ayudará a acelerar tu metabolismo. Hay muchos tipos de ejercicio lo importante es comenzar por algo pequeño que disfrutes y perdures. Existen mil formas de mover tu cuerpo y hacer ejercicio en estos 7 días. Explora diferentes ejercicios, aquí te brindo una lista el cual tú puedas elegir e implementar de acuerdo a tus horarios.

Lista de ejercicios: gimnasio, bailar, pilates, yoga, nadar, correr, caminar al aire libre, andar en bicicleta, rutina de ejercicios, escalar una montaña, jugar fútbol, subir y bajar escalones, jugar tenis, jugar básquetbol, salir al parque con tus hijos etcétera.

Día 2: La caminata, ve a caminar a la naturaleza ese tipo de ejercicio hace que conectes de una manera muy especial contigo misma.

Día 3: El baile te ayuda a mover tu energía interior. Hay muchos tipos de ejercicio lo importante es comenzar por algo pequeño que disfrutes.

Día 4: Escalar una montaña te ayudará a sobrepasar tus límites mentales puedes ir tú sola a escalar una montaña o acompañada.

Dia 5: Ir al parque a caminar con tus hijos te ayuda a nutrir tu alma y te llena de felicidad. Si vas al parque con tus hijos ellos se divertirán y harán movimiento físico (si no tienes hijos puedes ir tú sola).

Día 6: Puedes implementar una rutina de ejercicios puede ser levantar pesas, utilizar bandas para crearte una rutina si no sabes cuál, puedes buscar en YouTube te recomiendo mucho el ejercicio con peso.

Día 7: En este día puedes elegir ir a correr ya que correr te ayudará a conectar con tu fuerza interna y te ayudará a sobrepasar correr en la naturaleza o en una caminadora en tu casa.

Vas a elegir tu favorito y lo vas a implementar. El ejercicio que más te gustó de estos días anteriores y de ahora en adelante haz el que más disfrutaste y te gustó.

Lo lograste, ahora sí ya encontraste el movimiento físico que te llena de energía

El mover tu cuerpo es solo un complemento para ver esa transformación en tu cuerpo.

Ahora seguimos con la semana 4

En estos siguientes 7 días iremos a crear esos hábitos con intención para tener ese estilo de vida en amor, armonía y abundancia. creando un balance en tu mente, cuerpo y alma.

Integra lo siguiente:

Sigue creando tu plato balanceado.

Sigue implementando esas frutas y verduras en tus comidas para nutrirte internamente.

Sigue nutriendo tus pensamientos con esas afirmaciones en la mañana y en la noche.

Sigue tu rutina de movimiento físico, con el ejercicio que disfrutas.

Sigue organizando tu tiempo para descansar y dormir lo suficiente.

Semana Numero 4: Creando hábitos con intención

Los hábitos son el resultado de lo que pensamos, hacemos y repetimos cada día en nuestra vida, desde que despertamos hasta que regresamos a dormir.

Cuando hacemos algo creamos una acción que va a impactar en tu cerebro de una manera donde toda tu rutina y estilo de vida toma forma.

Muchas veces te has preguntado por qué es tan difícil cambiar tus rutinas… es porque realmente no nos damos cuenta de los procesos naturales del cerebro, ni cómo funcionan los hábitos en él. El cerebro está tan programado que por eso es tan difícil cambiarlo.

Ahí es donde se conecta y se activa el poder de la intención, con nuestra intención vamos a poder tomar 100% la responsabilidad en el proceso automático del cerebro y conscientemente haremos una acción para cambiar el resultado.

Es decir, los hábitos con intención son las acciones conscientes que llegaron a tu vida para quedarse y manifestar el estilo de vida que tanto te gustaría vivir por el contrario los hábitos automáticos son los que actualmente repites sin pensar.

Los hábitos con intención son los que nos ayudan directamente en el desarrollo personal y espiritual. Son las acciones que realmente te comprometes a realizar como tarea importante en tu día a día, sin caer en tus pensamientos automáticos programados en tu cerebro que te interrumpen para lograrlo.

Sabemos que no existe meta cumplida a medias o cumples o no cumples por eso crear hábitos con intención realmente puede cambiar tu estilo de vida de una forma amorosa y consciente.

En esta semana vas a planificar tus próximos 7 días

Pasos a seguir:

En esta semana implementa los hábitos. Crearás tu rutina con intención, esto te llevará al siguiente paso hacia tu autoconocimiento y nutrición interior y exterior.

Escribe en tu diario la razón el cual estás haciendo esta semana de hábitos con intención;

lo hago porque:

Me comprometo a crear acciones conscientes con mi cuerpo, mente y alma.

Me comprometo a implementar hábitos que me llenen el corazón.

Me comprometo a brindarle amor y armonía a mi alma de una manera saludable y nutritiva.

1. Vas a continuar fortaleciendo tu plato, descansando, haciendo ejercicio y ahora a todo lo que ya estás haciendo vas a ir implementando lo que toca hacer esta semana.

2. De todo lo que has implementado en las últimas semanas ahora lo vas a poner en práctica para fortalecer tus hábitos en amor propio, para que esos sean los que te guíen de ahora en adelante.

3. Cada día implementa un hábito nuevo para fortalecer el amor que te das a ti misma. Estos hábitos son fundamentales para crecer tu amor propio.

4. Tendrás una lista de chequeo donde durante tu día podrás ir marcando lo que ya vas terminando.

La repetición de acciones crea hábitos

La repetición de hábitos crea rutinas

La repetición de rutinas crea un estilo de vida

Por eso esta semana crearás tu rutina de amor propio

Autocuidado diario, realiza una lista con todo lo que te voy a compartir para que lo realices y lo califiques. Si lo estás llevando a cabo diariamente pon una x, si no lo estás haciendo y una palomita si lo estás realizando en donde esté la x date a la tarea de regresarte y vuelve a empezar para llevarlo a cabo en su totalidad, ya que esto te ayudará a recuperar tu salud y no seguirte haciendo daño tú misma por lo que metes a tu boca diariamente ya que nadie nos puede hacer más daño que nosotras mismas

— Desayuno balanceado y nutritivo

— Comida y cena balanceadas

— Movimiento físico

— Descansar y dormir bien

— Meditación

— Hacer algo que te haga sentir bien

— Tiempo para tu familia

Semana Número 5:

Día 1: Este día harás una carta de liberación.

Este día es bien importante que encuentres un espacio donde puedes estar sin distracciones. Este día es muy especial porque te vas a dar tiempo a ti misma de dejar ir todas esas emociones, sentimientos y creencias limitantes que has creado de ti misma y que no te permiten conectar con tu mejor versión.

Esto se logra a través de la escritura cuando tú escribes todo eso que ya no quieres en tu vida automáticamente te liberas de todas esas cargas emocionales que te limitan a tener una relación amorosa con tu cuerpo y contigo misma. La escritura es una herramienta súper poderosa que te libera emocionalmente.

No hay formato para hacer esta escritura aquí es donde realmente vas a conectar contigo misma. Vas a escribir todo que llegue a tu mente, no lo dudes solo escríbelo quizás existan situaciones que quieres soltar y dejar ir, aquí es el momento para escribirlas y poner fin y dejarlas ir. Puede que empieces a sentir alguna, está bien sentirla está bien soltarla y dejarla ir. Este es tu momento suelta todo aquello que te limita mental emocional y físicamente este es tu espacio y este es un espacio seguro para ti.

Dia 2: En este día vas a conectar contigo misma a través de la meditación.

La meditación es muy importante cuando quieres ver una transformación en tu cuerpo físico es importante porque cuando meditas tu cuerpo entra en un estado profundo de relajación cuando tu cuerpo está relajado le estás dando la señal a tu cuerpo de abrirse a lo nuevo y el cambio sucede más fácil. Hoy implementa mínimo 15 minutos de meditación puedes hacer más si así lo deseas. Puedes buscar una meditación en YouTube o simplemente cuando te vayas a dormir empieza a hacer respiraciones profundas llevando toda tu atención a tu respiración observando cómo entra y sale el aire de tu cuerpo puede que si haces estas respiraciones te quedes dormida está bien y es normal.

Día 3: En este día vas a implementar tiempo de calidad con tu familia o seres queridos.

Este día va a ser un tiempo de calidad con tu familia, ¿porque hacer esto? porque al pasar tiempo de calidad con tu familia estás nutriendo tu alma. Puedes hacer una actividad con tu familia cómo preparar juntos una deliciosa comida, ir a caminar juntos, ir a jugar al parque, salir a tu jardín a plantar algo o cualquier otra actividad que esté en tu mente que puedas realizar con tu familia, adelante hazlo. Existen muchas actividades para pasar tiempo de calidad con la familia, lo importante es que lo disfrutes y pases un excelente día lleno de amor, puedas tomar unas fotos juntos para tener un bonito recuerdo y visualizarlas en un futuro recordar esos momentos de alegría.

Día 4: En este día vas a implementar la gratitud en la mañana o en la noche. Te vas a tomar un tiempo para escribir en tu diario tres cosas por las cuales estás agradecida puede ser que agradezcas por tu cuerpo, por alguien o algo en tu vida. La gratitud te ayudará a expandir tu energía de una forma más positiva haz el hábito de todas las mañanas antes de levantarte escribe en tu diario tres cosas por las cuales estás agradecida en tu vida, si no lo pudiste hacer en la mañana lo puedes hacer por la noche antes de irte a dormir.

Dia5: En este día vas a implementar algo que por mucho tiempo dejaste de lado y siempre has querido volver a eso pero no lo has hecho dedícate tiempo para hacer eso que tanto disfrutas puede ser tu pasatiempo favorito. Haz eso que tanto disfrutas, te ayuda a llenarte de energía positiva, te activa la hormona de la felicidad lo que sea que quieras hacer está bien lo importante es que lo hagas.

Día 6: En este día en la mañana vas a dedicarte tiempo para hacer algo que te haga sentir bien y ver bien en este día vas a levantarte temprano para hacerte un peinado que te haga sentirte y verte bonita también te vas a maquillar y escoger tu vestidura favorita hacer esta acción es nutrir a tu amor propio te ayuda a conectar con la mejor versión de ti misma.

Dia 7: En este último día harás una carta a tu futura tu. En este día es bien importante que encuentres un espacio donde puedas estar sin distracciones. Este día te vas a dar tiempo a ti misma para escribir tu nueva versión escribe cómo te gustaría verte dentro de 6 meses, escríbelo como si ya lo fueras o ya lo tuvieras asegúrate de que lo que escribas lo sientas desde el fondo de tu corazón.

Estoy en mi peso ideal de ___ Y me siento muy feliz cada vez que me veo en el espejo me hablo con amor y siempre agradezco a mi cuerpo. Tengo una alimentación balanceada, como de todo, pero con conciencia y amor a mí y a mi cuerpo (que sea lo más detallado posible) como si ya lo estuvieras viviendo. No hay formato para hacer esta carta aquí es donde realmente vas a conectar contigo misma vas a escribir cómo ves tu vida de hoy a 6 meses. Cómo te ves a ti misma y qué hábitos has creado. Vas a escribir todo aquello que llegue a tu mente no lo dudes solo escríbelo.

Este es tu momento conecta con tu más alta versión de ti misma al final asegúrate de ponerle la fecha de hoy, exacta la fecha que sería de aquí a los 6 meses. La fecha que vas a poner es cuando termines de leer este libro que ya se acerca al final y el primer día que vas a empezar a hacer cambios en tu vida de todo lo que te he compartido en este libro en diferentes áreas de tu vida. Por ejemplo, vas a poner la fecha de cuando empiezas y la fecha dentro de 6 meses que estarás terminando ya con un resultado final de cómo te visualizas físicamente, económicamente y espiritualmente. Al terminar tu carta la vas a poner en un sobre y la vas a guardar en un lugar limpio y organizado la vas a dejar ahí y cuando llegue la fecha de los 6 meses la vas a volver a leer y te vas a decir a ti misma, lo lograste te felicito por haber invertido en ti esto es solo el inicio de tener esa relación amorosa y armoniosa con tus alimentos y con tu cuerpo.

Te comparto de todo corazón que esta fue una de mis primeras metas en mi ser, en mi cuerpo y en mi físico para empezar un cambio y una transformación. Para llegar a ser la mujer que siempre soñé me visualicé en mi peso ideal saludablemente fortaleciendo mi nutrición primaria que es la espiritualidad y esa relación con Dios y haciendo que Dios sea el centro de mi vida y hoy poder ser una mujer de éxito empresarial y escritora. Hoy te digo a ti mujer que estás en busca de un cambio yo te digo que todo es posible si yo pude tú también lo puedes lograr solamente tienes que tomar una decisión firme.

Capitulo # 16 El reto es contigo misma

Piensa en la recompensa. yo te digo que cuando te comprometes construyes fundamentos para el éxito en cada aspecto de tu vida y durante el resto de tu vida. También quizás te entusiasme o incluso te ponga un poco nerviosa probar estos hábitos que te convertirán en una mujer de éxito para toda tu vida, el cual te permitirá seguir desarrollándote hasta convertirte en la persona que necesita ser para crear la vida que siempre has querido. Empezar a desarrollar tu potencial y conseguirás los resultados en tu vida mucho más allá de lo que habrás imaginado.

Además de crear buenos hábitos también de salud, desarrollarás la mentalidad que necesitas para mejorar tu vida tanto interna al practicar todos estos hábitos cada día experimentarás los beneficios físicos intelectuales emocionales y espirituales del silencio de las afirmaciones, de la lectura, de las visualizaciones de anotar y del deporte enseguida te sentirás, menos estresada, más centrada, más atenta, más feliz y más entusiasmada frente a la vida generarás más energía, claridad y motivación para avanzar hacia tus mayores objetivos y sueños. Especialmente aquellos que llevas demasiado tiempo posponiendo recuerda que tu situación vital mejorara únicamente después de que evoluciones y te conviertas en la mujer que necesita ser para mejorar esto es exactamente en lo que te tienes que enfocar y consistir los próximos años de tu vida en un nuevo inicio, en una nueva tú puedes hacerlo pero si estás dudando o te preocupas no serás capaz de determinarte en todos estos hábitos y pasos relájate es perfectamente normal sentirte así realmente.

Así es sobre todo si lo despertaste en tu ser interior acuérdate que todos padecemos el síndrome del espejo retrovisor así que no solo es normal que tengas algunas dudas o te sientas nerviosa, sino que de hecho es un signo de que estás preparada para comprometerte si no estarías nerviosa. También es importante que cojas confianza fijándote en las miles de mujeres que ya han pasado de vivir en el lado equivocado de un posible abismo a transformar su vida. Por completo de hecho me gustaría leer en un futuro las historias de éxito de mujeres que dieron un salto cuántico a partir de leer este libro y poder transformar y llegar a realizar y construir la vida de sus sueños que nunca imaginaron ser capaces de lograr.

Hoy te digo que estás por finalizar de leer este libro y te estás preparando para llevar tu vida al siguiente nivel.

Cuál es el siguiente nivel en tu vida personal o profesional. ¿Qué áreas necesitas transformar para alcanzar ese nivel? espero ya hayas identificado en qué área empezar a trabajar y quiero que te regales todos esos pasos herramientas y hábitos de una mujer guerrera que los aplicó en su vida. Hoy los tienes plasmados en este libro para hacer grandes mejoras en tu vida día a día. Qué importa lo que haya sucedido en el pasado puedes cambiar el futuro cambiando el presente haz que hoy sea el día en el que dejas atrás, quien has sido y te conviertas en quién puedes llegar a ser. La situación en la que estás es consecuencia de quién eras pero donde acabarás depende totalmente de quién elija ser a partir de este momento.

Es tu momento, no places ni un día más lo de crear y experimentar la vida de felicidad, salud, riqueza, éxito y amor que realmente quieres y mereces. No esperes para ser genial, si quieres que tu vida mejore tienes que empezar por mejorarte a ti misma. Comprométete a llevar a cabo el primer día de empezar a afrontar el primer cambio en tu vida. De ahora en adelante empieza tu aventura crea la vida extraordinaria que jamás hayas imaginado si hay algo que yo pueda hacer para apoyarte o aportar valor a tu vida de alguna manera házmelo saber y ponte en contacto conmigo cuando lo desees a este correo bionutricmx@gmail.com

Siempre agradezco contar con mujeres con quien comparto intereses y me parece especialmente genial que tú hayas elegido mi libro. Así que si tienes cualquier pregunta para mí o simplemente te gustaría saludarme entra en www.bioinherfit.com. Para mandarme un mensaje ya que deseo saber más de ti y explorar la manera de aportar más valor a tu vida como me sea posible, sigamos ayudando a más mujeres. Puedo pedirte un favor, si este libro ha aportado valor a tu vida, si sientes que eres mejor después de haberlo leído y estás convencida de que puede convertir en un nuevo inicio de vida para otras mujeres y que puedan avanzar al siguiente nivel espero que hagas algo para alguien.

A quien quieras regálales este libro o déjales el tuyo pídeles que lo lean o aún mejor compra uno y entrégalo como regalo de cumpleaños o de navidad. Párate a pensar qué mejor libro para regalar o tal vez no necesites ningún motivo en especial más que decir mira te quiero y te aprecio y quiero ayudarte a vivir mejor tu vida obsequiándote este libro. Puede ser a una gran amiga o familiar consiste en ayudar a las demás para que se conviertan en una mejor versión de sí mismas te animo a compartir este libro con la mayor vía de mujeres que estén a tu alcance.

Yo soy de la opinión de que una simple idea puede cambiar tu forma de pensar, tu forma de sentir y tu forma de vivir. Las citas que me hacen pensar son uno de mis medios preferidos para sintetizar ideas poderosas que pueden cambiarte la vida. Así que me apasiona crear citas que puedan inspirarte darte fuerzas y retarte para ser mejor de lo que ha sido hasta ahora con amor y gratitud para ti.

Ama la vida que tienes mientras creas la vida de tus sueños. No pienses que tienes que esperar a lo segundo para empezar a hacer lo primero lo importante es empezar con lo que sabes y lo que tienes en este momento.

Dónde estás es el resultado de quién eras, pero a donde vayas dependerá únicamente de quién elijas ser de hoy en adelante.

Abandona la necesidad de ser perfecta para tener la oportunidad de ser auténtica. Sé quién eres, quiérete a ti misma, que los demás también lo harán cuando tomen la decisión de cambiar o moverse de donde están si ya que cada uno tiene su tiempo de decidir y poner acción.

Sé agradecida por todo lo que tienes acepta lo que no tienes y crea activamente todo lo que quieres.

La vida no consiste en desear estar en otra parte o ser alguien que no eres. La vida consiste en disfrutar donde estés, quererte como eres y hacer mejoras continuas en ambos aspectos.

En el momento en que aceptas total responsabilidad por todo en tu vida es el momento en que reivindicas el poder de cambiar cualquier cosa en tu vida.

Todas nosotras ya tenemos todo lo que necesitamos para hacer lo más felices que podemos, ser ahora nos toca acordarnos de ello en todo momento.

No hay nada que temer porque no puedes fracasar solo aprender a crecer y convertirte en alguien mejor de lo que ha sido hasta ahora.

Cuando la vida se pone difícil, Dios te está preparando para cosas mucho más grandes.

Y primordialmente ten fe en Dios y en ti misma ya que de ahí parte todo. Es la piedra angular, porque eres una mujer valiente, guerrera y tienes a Dios en tu corazón no hay nada de que temer.

Tu vida entera cambia el día que decides empezar a cambiar y que ya no aceptas más la mediocridad en ti. El día que decides que hoy será ese primer día más importante de tu vida que este momento es más importante que cualquier otro momento porque la persona en que te estás convirtiendo cada día será según las decisiones que tomes y las acciones que lleves a cabo determinan quién serás durante el resto de tu vida.

Tiempo atrás solo se calificaba como extraordinarias a las mujeres que eran dóciles abnegadas obedientes. Así lo marcaban, los valores de la familia y la sociedad debido a esta educación las mujeres aprendieron a reprimir sus necesidades para cumplir con sus deberes en el hogar, con la pareja y la sociedad. Dejaban en segundo término sus derechos asumiendo como normal y hasta positiva esta forma de vivir el problema es que a mediano o largo plazo conceder constantemente es nocivo para la salud física y mental.

Para vivir a plenitud tu naturaleza femenina es necesario que seas consciente de todos tus logros y esfuerzos. Necesitas amarte respetarte y mantener tu dignidad por sobre todas las cosas para experimentar lo extraordinaria que eres, solo depende de tu decisión reconocerte como un ser único, una presencia única, un valor único, simplemente ser tú misma toda mujer tiene deseos y aspiraciones que nada tienen que ver con la función reproductora tienen su propio yo, que lucha por expresarse enriquecerse y satisfacerse para vivir eso es lo extraordinario de ser tú misma.

Este libro está dirigido a las mujeres que buscan el éxito y un equilibrio en su vida, a las solteras, a las casadas, a las que trabajan en casa, a las profesionistas, a las que se esfuerzan día con día, a las que dan todo de sí mismas y a veces un poco más, a las jóvenes que contemplan un panorama incierto y excitante y a las mujeres maduras que piensan con el alma llena de nuevas convicciones y pasiones, a las que necesitan de vez en cuando palabras de aliento que las guíen en busca de esa paz interior y motivación para seguir adelante.

De todo corazón deseo que encuentres las herramientas adecuadas para construir la vida que siempre has anhelado. Recuerda que no eres pobre y jamás lo ha sido fuiste dotada con un sin fín de recursos para generar riqueza, prosperidad y abundancia. En todo momento y en todo lugar aquello que puedas imaginar es posible cristalizar en el plano de tu realidad material, ya es hora de dejar de ser generadora de pérdidas y lamentos prisionera de depresiones, neurosis y adicciones. Es el momento de convertirte en la arquitecta de tu propio destino siempre tomada de la mano de Dios bajo su guía y su protección.

Avanza cada día con audacia sin temor hacia tus sueños no te pares y nada podrá pararte.

Creo que para mí esta es la parte más difícil de escribir un libro, no sé por qué. Te doy las gracias a ti y a tantas y tantas mujeres que van a leer este libro porque sé que este libro va a tener un impacto significativo en tu vida que básicamente me resulta imposible expresar mi agradecimiento a todas porque este libro **Mujer de Éxito** te llevará a tener el éxito que estás buscando en diferentes áreas de tu vida.

Ahora que ya terminaste de leer empieza a crear, no pares nunca, crea la vida que te mereces vivir y ayuda a las demás a que hagan lo mismo.

Datos de contacto para cursos, talleres y emprendimiento

www.bioinherfit.com

Correo: ventas@bioinherfit.com

Instagram: Bioinher Fit

Facebook: Bioinher Fit

YouTube: Bioinher Fit

WhatsApp: 4273453851

Tulafono: 4273453851

Made in the USA
Coppell, TX
16 April 2024

31389528R00081